www.ingramcontent.com/pod-product-compliance
Lightning Source LLC
LaVergne TN
LVHW010829051026
849532LV00007B/2653
* 9 7 8 9 3 6 9 0 8 2 6 7 4 *

اردو ادب کے روشن باب

(تحقیقی و تنقیدی مقالے)

مرتبہ:

مکرم نیاز

Urdu Adab ke Roshan Baab *(Literary Essays)*

by: Mukarram Niyaz

Edition: December '2025

Publisher :

Taemeer Publications LLC (Michigan, USA / Hyderabad, India)

ISBN 978-93-6908-267-4

9 789369 082674

کتاب	:	**اردو ادب کے روشن باب**
مرتب	:	**مکرم نیاز**
بہ تعاون	:	سیاست ڈاٹ کام ویب سائٹ
صنف	:	تحقیق و تنقید
ناشر	:	تعمیر پبلی کیشنز (حیدرآباد ، انڈیا)
سالِ اشاعت	:	۲۰۲۵ء
صفحات	:	۱۰۸
سرورق ڈیزائن	:	تعمیر ویب ڈیزائن

فہرست

پیش لفظ

اردو ادب و شاعری برصغیر کی تہذیبی اور روحانی تاریخ کا وہ درخشاں آئینہ ہے جس میں ہمارے اجتماعی شعور، ثقافتی روایتوں، مذہبی حساسیتوں اور سماجی تضادات کی رنگا رنگ یکجا عکاسی نظر آتی ہے۔ اس زبان نے غزل کی نازک خیالی سے لے کر نظم کی فکر انگیزی تک، کلاسیکی رباعی سے جدید علامتی افسانے تک، ہر موڑ پر انسان کے باطن اور زمانے کے حالات دونوں کو ایک ساتھ آواز دی ہے۔ ہماری شعری روایت میں عشق و محبت، تصوف و عرفان، حریت و انقلاب، طنز و مزاح اور داخلی کرب کے ساتھ ساتھ تہذیبی یادداشتوں اور قومی یکجہتی کے احساسات بھی پوری قوت کے ساتھ موجود ہیں۔
یہی کیفیت نثری سرمایے میں بھی جھلکتی ہے، جہاں مکتوبات، تنقیدی مضامین، تحقیقی مقالات اور اداریہ نگاری تک ہر سطح پر زبان نے محض اظہارِ خیال کا وسیلہ نہیں بلکہ تہذیب کی حفاظت اور ذہنی تربیت کا ذمہ سنبھالا ہے۔ جب زمانہ مسلکی عصبیت، سیاسی منافرت اور بازاریت کے دباؤ میں ادبی اقدار کو فراموش کرنے لگتا ہے تو ایسی فضا میں سنجیدہ تنقید اور راسخ تحقیق ہی وہ چراغ ہے جو فن کو اس کی اصل روح، تاریخی سیاق اور جمالیاتی معیار کے ساتھ سمجھنے کی راہ روشن کرتا ہے۔ زیرِ نظر کتاب "اردو ادب کے روشن باب" اسی شعری و نثری ورثے کو تنقیدی و تحقیقی زاویوں سے دیکھنے کی ایک علمی کاوش ہے؛ یہاں شاعری کے فنی مسائل، زبان کے تہذیبی کردار، ادیب کی سماجی ذمہ داری اور

جدید اسلوبی تجربات سب ایک ہی فکری سلسلے میں جڑ کر اردو ادب کی معنوی وسعت اور اس کے درخشاں ابواب کو اجاگر کرتے ہیں۔

اس مجموعے کا آغاز امجد حیدرآبادی کی تنقیدی بصیرت کے مطالعے سے ہوتا ہے جہاں ان کی رباعی گوئی کے پس منظر میں فنِ تنقید پر ان کے خیالات، اوزان پر اصرار کے بجائے تاثیر، سادگی اور جوش کو اصل معیار قرار دینے کی صورت میں سامنے آتے ہیں، اور یوں حالی کے بعد اردو تنقید کے ایک کم معروف مگر اہم رخ کی نشاندہی ہوتی ہے۔ دوسرے مضمون میں قومی یکجہتی کے فروغ میں اردو زبان کے کردار پر گفتگو کرتے ہوئے اس بات کو واضح کیا گیا ہے کہ اردو کیسے صدیوں سے گنگا جمنی تہذیب، ہمہ مذہبی ہم آہنگی اور ہندو مسلم اشتراک کی زبانی علامت رہی ہے اور آزادی کی جدوجہد سے لے کر موجودہ دور تک مختلف طبقات کی ذہنی و سماجی تشکیل میں اس نے کیا بنیادی خدمت انجام دی۔

تیسرے باب میں مخدوم محی الدین کی شخصیت اور شاعری کا جائزہ حیدرآبادکی ادبی و سیاسی زندگی کے تناظر میں لیا گیا ہے؛ ان کی انقلابی نظموں، رومان اور احتجاج کے امتزاج، ترنم اور نغمگی، اور انسان دوستی پر مبنی وژن کو ایک ہمہ جہت فنکارانہ علامت کے طور پر پیش کیا گیا ہے۔ "اردو ادب میں غیر کا تصور" کے تحت سرور الہدیٰ کا مضمون غالب انسٹی ٹیوٹ کے ایک اہم سیمینار کے حوالے سے "غیر" کے فلسفیانہ، سماجیاتی اور تخلیقی ابعاد کو روشن کرتا ہے اور دکھاتا ہے کہ جدید تنقید میں "دوسرے" کی بحث کس طرح اردو متن کی نئی قرات کی راہیں کھولتی ہے۔

مولانا جلال الدین رومی پر مضمون مثنوی کے بنیادی موضوعات، جبر و قدر، عقل و

عشق کے مابین رشتے، عمل کے تصور اور انسان کی تکریم کو قرآن اور صوفیانہ روایت کے حوالے سے واضح کرتا ہے، ساتھ ہی مغرب میں مثنوی کے اثرات اور مختلف تراجم کا اجمالی نقشہ بھی فراہم کرتا ہے۔ امیر مینائی پر مبسوط مقالہ لکھنؤ کی تہذیب، غزل کی فنی لطافت، صوفیانہانہ رنگ اور ان کے نصیحت آموز اشعار کے ذریعے اردو غزل کے کلاسیکی حسن کو تازہ کرتا ہے اور شاعر کے سوانحی پس منظر کو اسی تہذیبی افق میں رکھ کر پڑھتا ہے۔

اردو اخبارات کے اداریوں پر مضمون میں اداریہ نگار کی اخلاقی ذمہ داری، معروضیت، حق گوئی، اور موجودہ اردو صحافت کی عملی صورتِ حال کا سنجیدہ محاسبہ کیا گیا ہے، جہاں سرمایہ، ادارتی آزادی اور قاری کی سطح کے باہمی تعلق پر بھی روشنی پڑتی ہے۔ "مکاتیبِ قاضی عبدالودود" کے تحت محاورہ، کہاوت اور ضرب المثل کی تعریفات، لسانی و تہذیبی حیثیت اور اردو زبان کی معنوی وسعت میں ان کے کردار کا باریک لسانی تجزیہ شامل ہے۔

آخر میں اردو نثر کے ابتدائی قلمکاروں، عربی زبان و بلاغت کے اثرات، عروضی و فنی اصطلاحات کی منتقلی اور مظہر الزماں خان کے افسانوں کے اسلوبیاتی مطالعے جیسے مضامین کتاب کو جدید اسلوب، علامتی بیانیے اور اسلوبی شعور کی بحثوں سے جوڑتے ہیں۔

یوں "اردو ادب کے روشن باب" اردو شاعری و نثر کے کلاسیکی سرمایہ، زبان کے تہذیبی شعور اور عہدِ حاضر کے فکری مباحث کو ایک ہی سلسلہ میں مربوط کر کے پیش کرتی ہے، اور قاری کو اس احساس کے ساتھ رخصت کرتی ہے کہ اردو ادب کی تاریخ دراصل انہی روشن ابواب سے مل کر پوری ہوتی ہے۔

۱

امجد حیدرآبادی کی تنقیدی بصیرت

سید محبوب قادری

امجد حیدرآبادی حیدرآباد دکن کے ان قد آور شخصیتوں میں سے ایک ہیں جنہیں ملک گیر شہرت ملی۔ جن کے کارناموں کو آج ہم طاق نسیان سے ڈھونڈ ڈھونڈ کر ٹٹول ٹٹول کر لاشعور سے شعور میں لا رہے ہیں۔ ان کے گراں قدر کام نے خداوند قدوس اور مخلوق خدا میں مقبولیت کی سند حاصل کرلی ہے۔ خصوصاً اردو زبان و ادب کی ترقی و ارتقاء کی نسبت ملک کے تمام دانشور؛ فن کار اور صاحبان علم و فن سبھوں نے بغیر کسی چوں و چارے کے پسندیدگی کی مہریں ثبت کی ہیں۔

امجد نے جس شہر اور ملک میں آنکھ کھولی اس کی آب و ہوا انا کی تسکین؛ اشتہار بازی؛ پروپگنڈہ کرنے اور اپنے نام کے نعرے لگوانے وغیرہ وغیرہ باتوں کی زری اجازت نہیں دے تی۔ اور امجد جس گھرانے میں پیدا ہوئے اس گھرانے کی تعلیم بھی اپنا ڈھنڈورا آپ پیٹنے کی قطعاً قائل نہ تھی۔ اس کے باوجود سید احمد حسین امجد حیدرآبادی نے گلی کوچوں سے نکل کر پورے ملک کے عوام کے دلوں میں جگہ بنا لی۔ سبھوں نے امجد کی علمی لیاقت اور شعری صلاحیتوں کو سراہتے ہوئے ان کی نیک

نامی کو ملک کے طول و عرض میں پھیلا دیا۔

اس سے نہ صرف امجد کی بلکہ در حقیقت شہر حیدرآباد کی شہرت ہوئی۔ کیونکہ امجد نے اپنے نام کے ساتھ اپنے شہر حیدرآباد کو اس طرح ملا لیا ہے کہ گویا ایک مرکب لفظ بن گیا ہو۔ امجد کو صرف ہم امجد کہیں تو کسی فرد کا ذہن شہنشاہ رباعیات کی طرف نہیں جائیگا۔ جب حیدرآباد لاحقہ بن کر آتا ہے تو پھر ضرور سید احمد حسین امجد ہی ہونگے ہم اہلیان حیدرآباد پاسبانِ تہذیب ثقافت بڑے فخر کے ساتھ یہ کہہ سکتے ہیں کہ ہم اس شہر علم و ہنر کے باشندے ہیں جس میں امجد حیدرآبادی پیدا ہوئے۔

امجد حیدرآبادی کے بارے میں تھوڑے بہت فرق کے ساتھ سب یہ کہتے ہیں کہ وہ شعر و ادب میں امتیازی مقام رکھتے تھے رباعی گوئی میں طاق تھے شہنشاہ کہلائے صوفی؛ خدا ترس نیک دل انسان تھے اور ایک بہترین نثر نگار تھے۔ ان تمام خوبیوں کو سب نے دیکھا اور خوب پڑھا ہے۔ لیکن اس سے بڑھکر رباعیات سے بھی بڑھکر ایک اور کام ہے جس کی جانب کسی نے بھی نظر نہیں کی؛ کسی نے بھی اس جانب سے مطالعہ نہیں کیا اور وہ ہے تنقیدی فکر و نظر۔

فن تنقید میں امجد کے نظریات بہت معنی خیز اور اردو ادب کی تنقید میں ایک نئے باب کا اضافہ سمجھے جاسکتے۔ جہاں تک اردو تنقید کی بات ہے اس ضمن میں مولانا الطاف حسین حالی اردو تنقید کے باقاعدہ پہلے نقاد مانے جاتے ہیں۔ جن کے بعد سے اردو تنقید کا ایک مکمل دبستان وجود میں آیا جیسے تاثراتی تنقید؛ جمالیاتی تنقید؛ مارکسی تنقید؛ ترقی پسند تنقید؛ نفسیاتی تنقید؛ سائنٹفک تنقید وغیرہ الگ الگ تنقیدیں وجود میں

آئیں۔

تنقید کی تعریف عموماً یہ کی گئی ہے کہ اچھے برے میں فرق اور کھرے کھٹے میں تمیز کرنا؛یعنی کسی بھی فن پارے میں موجود خوبیوں اور خامیوں کو جانچ پر کھ کر ادب میں اس فن پارے کا مقام متعین کرنا ہوتا ہے۔مولانا الطاف حسین حالی شعری خوبیوں کو بیان کرتے ہوئے کہتے ہیں کہ ایک اچھے شعر میں ان تین اوصاف کا ہونا ضروری ہے (۱) سادگی (۲) اصلیت (۳) جوش۔

سید احمد حسین امجد حیدر آبادی شاعری سے متعلق رباعیات امجد حصہ دوم کے مقدمہ میں کہتے ہیں کہ "اس میں شک نہیں کہ علم عروض کا ماہر شاعر کوئی لفظی غلطی نہیں کر سکتا۔اس میں بھی شک نہیں کہ فطری جذبات کا کامل طور پر اظہار بھی نہیں کر سکتا۔ جب کوئی فطری تحریک ہوتی ہے تو علم عروض کا پھندا گلے میں ڈال کر شاعری کی اصلی روح کا گلا گھونٹ دیتا ہے" (رباعیات امجد؛ صفحہ ۵ حصہ دوم)

مذکورہ اقتباس میں امجد حیدر آبادی کہتے ہیں کہ شاعر وہ نہیں جو اوزان یا شعر کی تقطی میں قطع نہ کرے بلکہ حقیقی شاعر وہ ہے جو اس کے قلب و ذہن میں جو خیال پیدا ہو اس کو خوبصورتی کے ساتھ اظہار خیال کرے کہ جس کے پڑھنے یا سننے کے بعد سامع یا قاری میں بھی وہی کیفیت پیدا ہو جائے جو شاعر کے ہیں۔شاید امجد دبے انداز میں اوزان کی مخالفت بھی کر رہے ہوں۔

امجد شعر کی ماہیت اور اس کے خواص جس کو مولانا حالی سادگی؛ اصلیت اور جوش کہتے ہیں اس بارے میں امجد حیدر آبادی مولانا حالی سے ایک قدم آگے بڑھکر

کھلے انداز میں تحریر کرتے ہیں کہ یہ شرائط صرف شعر گوئی کے لئے ہی نہیں بلکہ ہر وہ چیز جو فنون لطیفہ سے تعلق رکھتی ہیں ان سب کے لئے لازمی اور بے حد ضروری ہے۔ اس کی بابت امجد حیدر آبادی کہتے ہیں :

"شعر ہو یا راگ جب سامع کو بے خود نہ کر دے بارد فطرت میں حرارت نہ پیدا کر دے قدیم کافر کو مسلمان نہ بنادے کثیف مادے میں لطیف روح نہ پھونک کے فنون لطیفہ میں شمار نہیں کئے جاسکتے ہیں۔ ہر شعر ایک مکمل راگ یا تصویر ہوتی ہے۔ جس طرح تصویر میں مصور کو ہر عضو اپنی اپنی جگہ خوبی اور موزونیت کے ساتھ بنانے کی ضرورت ہوتی ہے۔ اسی طرح شاعر کو بھی ہر لفظ اپنے اپنے مقام پر بغیر کسی تعقید کے رکھنا پڑھتا ہے۔ اس ترتیب کے قطع نظر اور توازن بھی ضروری اور لازمی چیز ہے۔ اگر ناک کی جگہ ناک تو بنائی اصول کے اعتبار سے بڑی یا چھوٹی کر دی جائے تو تعداد اجزا کے اعتبار سے مکمل تو ہو گی مگر مضحکہ خیز اسی طرح موزوں نظم بھی اپنی بد نظمی اور غیر مناسب اور ثقیل الفاظ اور دور از فہم استعارات اور تلمحات کی وجہ سے شعر گفتن چہ ضرور بود کا مصداق ہو جاتی ہے" (خرقہ امجد : امجد حیدر آبادی)

امجد نے اس طویل اقتباس میں شعر گوئی؛ مصوری؛ راگ یا اس جیسی کوئی بھی چیز ہو اس وقت تک فن نہیں کہلائیگی جب تک کہ وہ انسان میں جوش و جزبہ اور دل و دماغ میں انقلاب نہ پیدا کر دے اور اس میں موجود جمود کو ختم نہ کر دے۔ مولانا حالی کے تینوں شرائط اس اقتباس میں شامل ہیں۔ اور مزید امجد نے یہ بھی کہا ہے کہ صرف اوزان پیمائی شعر گوئی نہیں ہے اس کی تفہیم کے لئے انھوں نے

مصوری کی مثال سے واضح کر دیا ہے۔ اور مزید اپنے نظریہ کو تقویت دینے کی کیلئے اس کو رباعی میں پیش کرتے ہیں کہ:

طفل مکتب بنے فلاطوں ہو کر
دل نے کھوئی ہے آبرو خوں ہو کر
شاعر ہو کر خطاب کاذب پایا
بے وزن ہوا کلام موزں ہو کر

مذکورہ بالا رباعی میں امجد نے کہا کہ صرف موزوں ہونا اچھے شعر کی خوبی نہیں ہے بلکہ اس میں تاثیر کی روح ہونی چاہئے۔ جب قاری اسے پڑھے یا سننے اس کے دل دماغ میں ایک ہلچل مچ جائے ایک انقلاب آئے اور خون میں ایسی گرماہٹ پیدا ہو کہ پورے جسم میں گرمی کی لہر دوڑا دے۔ اور اسکے پست مجروح جزبات کو ہمت کے ایسے پر لگائے کہ پلک جھپکنے تک بلندیوں کی طرف پرواز بھر دے۔ معانی ومفاہم کا ایک ایسا اثر رکھے کہ جس کی تفہیم سے مرغ بسمل کو شرمندہ کر جائے۔ یہ میرا امجد سے اعتقاد نہیں بلکہ امجد خود کہتے ہیں کہ:

کلام ایسا اکثر سنا ہو گا تم نے
سنا آج اور کل اثر دل میں اترا
کہو شعر ایسا کہ ہو تیر خنجر
ادھر منہ سے نکلا ادھر دل میں اترا
نغمہ کا ہے شوق لحن داودی نہیں
اس طرز میں حمد کی کہ محمود نہیں

سننے والے سے آہ بھی تو نکلے
اک واہ ہی شاعری کا مقصود نہیں

امجد کہتے ہیں کہ شاعر کو ضروری ہے کہ وہ کائینات یں غور و فکر کرتے رہے۔ جس کا فائدہ یہ ہو گا کہ شاعر پر کائنات کی حقیقت دھیرے دھیرے کھلنے لگتی ہے۔ اور چیزیں اپنی اصلی حالت پر نظر آنے لگتی ہیں جس سے اس کے کلام میں ثبات اور حقیقت پیدا ہوتی ہے جسے امجد اس طرح بھی کہتے ہیں۔

شاعر اسرار غیب سے ماہر ہے
جو عارف کامل ہے وہ ہی شاعر ہے

حضرت امجد حیدرآبادی کا یہی نظریہ ہے کہ شاعری ایک الہامی امر ہے کسبی نہیں جس کی نسبت وہ تحریر کرتے ہیں کہ

" حقیقت نگار شاعر کو سطحیات کی طرف کم توجہ ہوتی ہے اور صنائع و بدائع ظاہری اور لفظی نمائش کے حدود سے اس کا خیال ارفع و اعلی ہوتا ہے۔ شاعر کو اپنے کامل جذبات کے اظہار کے لئے بعض اوقات قیود رسمی اور فرضی کو توڑ دینا پڑتا ہے۔ مست کی شان یہ ہے کہ سر و دستار سے بے خبر رہے۔ جس قدر سر و دستار کی طرف توجہ ہو گی اس کے کمال ہستی میں اسی قدر فرق آجائے گا۔ یہ بالکل صحیح ہیکہ ایک شاعر بشرط یہ کہ وہ حقیقی شاعر ہو اظہار جذبات میں مجذوب صفت ہوتا ہے۔ اس میں ایک خاص جوہر ہوتا ہے جس کو وہ خود بھی نہیں سمجھتا کیونکہ ان معانی کی مبین کوئی اور ہی قوت ہوتی ہے۔ جو اسے ایسا کہنے پر مجبور کرتی ہے۔ وہ کوئی فرشتہ ہوتا ہے جو اپنی کیفیت کو ایک انوکھے راگ میں گاتا ہے اور اپنے دکھ

درد کو ایک مبہم زبان میں ادا کرتا ہے۔ وہ ہمیشہ ایسی زبان میں باتیں کرتا ہے جو نہایت عجیب و غریب اور پر اسرار ہوتی ہیں۔ اور ایسے مکاشفات بیان کرتا ہے کہ عام دنیا والے اس کو سمجھ نہیں سکتے۔ (خرقہ امجد 'امجد حیدر آبادی' صفحہ ۸ تا ۱۰)

المختصر یہ کہ امجد حیدر آبادی کی تنقید ایک صحت مند تنقید ہے، جس سے اردو تنقید میں کافی تبدیلی کا باعث ہو سکتی ہے۔

***

۲

قومی یکجہتی کے فروغ میں اردو زبان کا کردار

ڈاکٹر محمد ناظم علی

زبان اظہار خیال اور مواصلات کا بہترین اور عمدہ ذریعہ ہے، یہ ایک سماجی ضرورت ہے۔ زبان کی بنیاد پر ہی ہم حیوانی اور انسانی سماج میں امتیاز حاصل کرتے ہیں۔ انسان اشرف المخلوقات زبان کی بنیاد پر کہلاتا ہے۔ زبان خود اور خداشناسی کا بہترین وسیلہ ہے۔ زبان نہیں تو ذہن نہیں اور جب ذہن نہیں تو زندگی نہیں۔ ملک و قوم کی ترقی کا دارومدار زبانوں پر ہے۔ زبان سماج اور معاشرہ کی ہمہ قسم کی ترقی کی ضامن ہوتی ہے۔ معاشرہ و سماج کی تعمیر و تشکیل میں مبان کا اہم رول ہوتا ہے۔ قوم کی ذہنی تعمیر و ترقی زبانوں کا کلیدی رول ہوتا ہے۔ زبان تہذیب و ثقافت کی محافظ ہوتی ہے اور انسانی قدروں اور انسانیت کو فروغ عطا کرتی ہے۔ زبانوں میں ملک و قوم کا اثاثہ پوشیدہ ہوتا ہے۔ زبان تہذیب ہے تمدن کا اظہار ہے، قوموں اور ملکوں کو آپس میں متحد اور متفق رکھتی ہے۔ زبان ہی سے ملک پر حکومت کر سکتے ہیں۔ زبان شیریں تو ملک گریں۔

ہندوستان ایک ایسا ملک ہے جس میں مختلف مذاہب تہذیب و زبانوں کے

ماننے والے رہتے بستے ہیں، یہ ملک ہمہ لسانی، ہمہ مذہبی، ہمہ تہذیبی ملک ہے یہاں بھانت بھانت کے لوگ آباد ہیں، ان کی تہذیب و مذاہب الگ الگ ہیں، کثرت میں وحدت یہاں کا شعار شیوہ ہے۔ بقائے باہم اس ملک کی خصوصیات ہے جیو اور جینے دو۔ بردباری، شانتی، امن، مشترکہ قدریں، گنگا جمنی تہذیب اس ملک کا وصف ہے، آن بان شان ہے۔ ہندوستان برسوں سے ان قدروں کا امین و نقیب رہا ہے اور آج بھی ہے اس کی طبیعت اور سرشت میں رواداری، قومیت، قومی آہنگی پوشیدہ ہے، قومی یکجہتی یہاں کا اولین وصف ہے۔ قومی یکجہتی ایسی طاقت ہے کہ جس میں ہمہ قسم کی ترقی مضمر و پوشیدہ ہے۔ یہ ایسی طاقت ہے جس سے ملک و قوم کا نام روشن ہوتا ہے اور پورے عالم میں ہماری شناخت بنتی ہے۔ بغیر قومی یکجہتی کے ملک و قوم ترقی نہیں کرسکتی۔ ہندوستان کی سلامتی اس بات میں مضمر ہیکہ یہاں قومی یکجہتی برسوں سے قائم و دائم ہے اور اس جذبے کے تحت ہمارا سماج و معاشرہ ترقی حاصل کر رہا ہے۔ اس ملک کی مثال ملنا دنیا میں مشکل ہے، یہ ایسا ملک ہے جہاں پر ہمہ اقسام کے لوگ رہتے ہیں، یہ ایک گلدستہ کے مانند ہے جس میں ہر قسم کے پھول موجود ہیں۔ گلدستہ کی خوبصورتی جب تک قائم رہے گی تب تک کہ اس کے ہر پھول کی نگہداشت ہو۔ ہر قوم کو ترقی کا حق حاصل ہے، وہ اپنے مذہب پر عمل پیرا ہوتے ہوئے ترقی حاصل کرسکتے ہیں۔ ہندوستان ہندو، مسلم، سکھ، عیسائیوں کا ملک ہے۔ سب اس کی ترقی کے خواہشمند ہیں۔ گوتم بدھ سے لے کر آج اس ملک میں مشترکہ قدریں ترقی حاصل کر رہی ہیں۔

ہندوستان میں مختلف زبانیں بولی جاتی ہیں، ان زبانوں میں اردو ایک آریائی

زبان ہے اور یہ مغربی ہندی کی کھڑی بولی میں نکھر سنور ملکر ایک زبان کا روپ دھار لیتی ہے اور یہ دلی کے دوآبہ میں پیدا ہوئی اور ہندوستان میں اس کا جنم ہوا۔ یہاں پر پھلی پھولی نشو و نما و ارتقا پائی۔ اس کو سماج کے تمام طبقات نے گلے لگایا۔ ہندو، مسلم، سکھ، عیسائی اور دیگر طبقات نے اس سے معاشرتی سماجی اور مذہبی کام لئے ہیں۔ حضرت امیر خسرو سے لے کر آج تک تمام طبقات نے اس کی ترقی میں اہم اور کلیدی رول ادا کیا۔ اس کو فروغ دینے میں برہمنوں کاشتوں اور دیگر فرقوں و طبقات نے اہم رول ادا کیا ہے۔ یہ ہندوستان کے تمام فرقوں و قوموں کی زبان ہے، اس کے حروف میں تمام زبانوں کا عکس ملتا ہے۔ یہ ایک مخلوط زبان ہے جس میں سنسکرت، پراکرت، عربی، فارسی، ہندی اور دیگر ہندوستانی زبانوں کے اثرات پائے جاتے ہیں۔ اس میں تمام طبقات نے طبع آزمائی ترجمانی کی ہے۔ یہ زبان مختلف قوموں کے اختلاط و ارتباط سے تشکیل پائی ہے اور اس کا ادب تخلیق کرنے میں تمام طبقات نے اہم اور کلیدی رول ادا کیا ہے۔ اس میں طبع آزمائی کرنے والوں میں پنڈت دیا شنکر نسیم، پنڈت برج نرائن، چکبت، پنڈت جگن ناتھ آزاد دیا نرائن نگم، حکم چندیز، گیان چند جین، گوپی چند نارنگ، رام نرائن موزوں، کالی داس گپتا رضیا، مالک رام، ماسٹر رام چندر، درگا پرساد سمبل، درگا سہائے سرور آبادی، وغیرہ نے تخلیقی، تحقیقی، تنقیدی اعتبار سے فروغ عطا کیا اور زبان و ادب کو مالا مال کیا ہے۔ انہوں نے اردو زبان و ادب کو ہر لحاظ سے مالا مال کیا ہے اور اردو کو فروغ دینے والوں میں ولی اللہ، صوفی، سنت، بزرگان دین اور تاجر، فوجیوں نے فروغ عطا کیا۔ اردو زبان کی طبیعت و فطرت میں امن ہے۔ رواداری ہے تحمل ہے، بردباری، گنگا

جمنی تہذیب، مشترکہ قدریں موجود ہیں۔ یہ زبان قومی یکجہتی کی علامت ہے، عملی نمونہ ہے، اس نے قوموں میں اتحاد پیدا کیا۔ رواداری کا سبق سکھایا۔ اتحاد و اتفاق کے جذبوں کو عام کیا۔ انسان اور انسانیت کی بقاء و فروغ کا رول ادا کرتی رہی۔ کر رہی ہے چنانچہ حالی نے کہا کہ

فرشتوں سے بہتر ہے انسان بننا
مگر اسمیں پڑتی ہے محنت زیادہ

انسانیت اور انسانی قدروں کی ترجمانی و عکاسی میں یہ زبان پیش پیش رہی۔ مختلف طبقات و فرقوں و قوموں کی تہذیب و تمدن، قدروں کی عکاسی ترجمانی کرتی رہی۔ اس نے انقلاب زندہ باد کا نعرہ دیا۔ جدوجہد آزادی میں اور ہند کو آزادی دلانے میں کلیدی رول ادا کیا۔ ہندوستان میں اتحاد، اتفاق، رواداری، صبر، تحمل، برداشت اور قومی یکجہتی کے جذبوں کو عام کیا، ان کو فروغ ترقی دینے میں کوئی کسر نہیں چھوڑی۔ اردو محبت کی زبان ہے، دلوں کو جڑنے کی زبان ہے، مختلف فرقوں و تہذیبوں کو آپس میں جوڑتی ہیں۔ مربوط کرتی ہیں۔ ہندو، مسلم، سکھ، عیسائی نے اپنی اردو تخلیقات میں قومی یکجہتی کے تصورات کو عام کیا اور کئی تخلیقات نظم و نثر میں انہوں نے رواداری کے جذبوں کو عام کیا۔ شمالی ہند میں نظیر اکبر آبادی نے اپنی شاعری میں ہندوستان کی ہر چیز کو پیش کیا ہے، عوامی احساسات جذبات کو شاعری کا موضوع بنایا ہے۔ ہندوستانی تہذیب و تمدن کے ہر جز کو پیش کیا ہے۔ انہوں نے ہندو، مسلم اتحاد کو اولین ترجیح دی ہے، ان کی شاعری اور نظمیں قومی یکجہتی کا نمونہ ہیں۔ چاہے آدمی نامہ، جب لاد چلے گا بنجارہ، روٹی، رہے نام اللہ کا، وغیرہ نظیر اکبر

آبادی نے ہندوستان کے پھول، پھل، میوے تہذیب و تمدن سے محبت کی ہے اور اپنی شاعری میں ہندوستانی تہذیب کے ہر جز کو پیش کیا ہے۔ اگر مکمل ہندوستانیت دیکھنا چاہتے ہو تو نظیر اکبر آبادی کی شاعر کا جائزہ لیں، یہ ایک جمہوری شاعر تھا اور جمہور کے احساسات جذبات کو اپنی شاعری میں ترجیحی دی۔ اسی طرح جنوبی ہند میں محمد قلی قطب شاہ نے اپنی شاعری کے ذریعہ قومی یکجہتی کے تصور کو عام کرنے کی کوشش کی، اس نے ہندو مسلم اتحاد و یکجہتی کو اپنی شاعری کا موضوع بنایا۔ اس کی کئی نظمیں مشترکہ قدریں کی مظہر ہے۔ گنگا جمنی تہذیب اور بقائے باہم کے جذبوں کو اپنی شاعری کے ذریعہ سے عام کیا۔ محمد قلی قطب شاہ ایسا شاعر تھا جس نے ہندوستان کے ہر ریت رواج تہوار کو اپنی شاعری میں پیش کیا ہے، اس طرح اردو کے کئی ہندو مسلم سکھ شاعری کی قومی یکتا، قومی اکھنڈ تا کو فروغ عطا کیا اور قومی یکجہتی کو پروان چڑھایا ہے۔ علامہ اقبال ہو کہ چکبت یا دیگر شعراء انہوں نے اردو کو قومی یکجہتی کے تصور کو عام کرنے کیلئے اپنایا اور اس زبان میں آسانی کے ساتھ انہوں نے قوموں میں اتحاد و اتفاق کو عام کیا۔ معاشرہ تہذیب و تمدن کو مشترکہ قدروں سے مربوط کیا۔ غرض ہندو، مسلمان، سکھ، عیسائیوں نے اردو زبان کو اپنا کر اردو زبان و ادب میں ایسے شاہکار نظمیں، غزلیں اور افسانے لکھے ہیں جس کے ذریعہ سے انہوں نے یہاں کے ماحول، سماج کو رواداری کی قدروں سے ہم آہنگ کیا، قومی یکجہتی کے فروغ میں اردو زبان حرکیاتی اور اہم کردار نبھاتی رہی ہے اس لئے ایسی زبان کا تحفظ اور بقاء کی ذمہ داری تمام طبقات پر عائد ہوتی ہے اور اردو زبان کا تحفظ گنگا جمنی تہذیب کا تحفظ ہے۔ مشترکہ قدروں کا تحفظ ہے، اردو جتنی ترقی کرے گی، اتنا

ہندوستانی قوم وملک مضبوط وتوانا ہو گی اور ہندوستانی قدریں محفوظ ومامون رہے گی۔

مذہب نہیں سکھاتا آپس میں بیر رکھنا
ہندی ہیں ہم وطن ہے ہندوستان ہمارا

***

۳

مخدوم - شخصیت اور شاعری

ڈاکٹر سید داؤد اشرف

مخدوم کو اس دارِ فانی سے رخصت ہوئے تقریباً ۴۷ سال ہو رہے ہیں لیکن آج بھی یہ محسوس ہوتا ہے کہ بساط رقص پر ان کی جگہ خالی ہے۔ سبکو اس گل تر کی تلاش ہے مگر وہ کہیں نہیں ملتی، صرف یادوں کے چمن میں مہکتی ہے۔ مخدوم ایک ایسے شخص کا نام ہے جسے گزرتے ہوئے وقت کی گرد دھندلا نہیں سکی۔ جوں جوں وقت گزرتا جارہا ہے اس شخص کے فن اور کردار کے نقوش اور بھی روشن ہوتے جارہے ہیں۔ وہ ایک ایسے گل تر تھے جو مرجھاتا نہیں بلکہ جو خیال اور تصور میں خوب سے خوب تر، تازہ بہ تازہ اور مہکتا ہوا دکھائی دیتا ہے اور محسوس ہوتا ہے۔

مخدوم ایک شاعر اور فنکار ہی نہیں کمیونسٹ و ٹریڈ یونین لیڈر رتھے۔ سیاسی رہنما اور اس کے علاوہ بھی بہت کچھ تھے۔ اُن کی وفات کے بعد ٹریڈ یونین تحریک نے ان کی کمی شدت سے محسوس کی ہوگی۔ سیاست نے بھی انہیں بار بار یاد کیا ہوگا۔ زندگی کے دوسرے شعبوں میں بھی انہیں آواز دیتے رہے ہوں گے لیکن جو خلا۔۔۔ مکمل خلاوہ بحیثیت شاعر اور فنکار کے پر نہیں ہو سکتا۔ اس بساط پر کوئی اور

مہرہ اُن کی جگہ نہیں لے سکتا۔ مخدوم کی ہمہ پہلو شخصیت میں سے نمایاں شاعر اور فنکار کا دل لبھانے والا پہلو تھا۔ اس تخلیقی فنکار نے جو حسن کار بھی تھا اپنی بے پناہ تخلیقی صلاحیتوں کے ذریعہ اپنی شخصیت میں ایسے رنگ بکھیرے تھے اور ایسے خط کھنچے تھے، ایسے زاویے بنائے تھے اور رنگوں کا ایسا خوبصورت امتزاج کیا تھا کہ اس کی شخصیت بھی اس کی شاعری کے طرح دل آویز دکھائی دیتی تھی۔ مخدوم اردو کے ان معدودے چند شاعروں میں سے ایک ہیں جنہیں اپنے وطن میں بے حساب پیار ملا اور غیر معمولی مقبولیت حاصل ہوئی بلکہ ایسا کہنا بے جانہ ہوگا کہ جس شخص نے اقتدار اور دولت کے بغیر حیدرآباد میں دلوں پر حکمرانی کی ہے وہ مخدوم ہیں۔

حیات لے کے چلو کائنات لے کے چلو
چلو تو سارے زمانے کو ساتھ لے کے چلو

کہنے والے محبوب شاعر نے اعلیٰ انسانی اقدار اور سچی انسان دوستی کے باعث لاکھوں کو اپنا بنایا۔ مخدوم نے اپنی ساری زندگی ناموافق حالات کے خلاف جنگ کرنے اور پیہم جدوجہد کرنے میں گزاری لیکن ان پیچیدہ اور پر خار راہوں سے گزرنے کے باوجود زندگی بھر ان کی زندہ دلی، شوخی اور ترنگ میں کوئی کمی نہیں ہوئی۔ نہ صرف انہیں مستقبل پر آخر وقت تک یقین رہا بلکہ دوسروں کا حوصلہ بھی ہمیشہ بڑھاتے رہے۔

حیدرآباد کی سیاسی، ادبی اور تہذیبی زندگی سے مخدوم کا اتنا قریبی اور گہرا تعلق تھا کہ دونوں کا تصور علحدہ علحدہ شکل ہے۔ مخدوم کے گزر جانے سے حیدرآباد کے دور کا خاتمہ ہوا۔ ہماری ادبی اور تہذیبی زندگی پر انہوں نے بڑے گہرے اور دیرپا

نقوش چھوڑے۔ مخدوم کی شخصیت اور اس کے سحر سے سب ہی مسحور تھے۔ کیا دوست، کیا دشمن۔ ایک بار ان سے ملنے والا دوبارہ ملنے کا آرزو مند ہوتا۔ مخدوم کی شخصیت میں بلا کی لچک تھی جہاں انہوں نے بے شمار موقعوں پر جلوسوں اور مظاہروں کی قیادت کی ان ہیں قریب سے دیکھنے والوں نے کئی بار بچوں کے ساتھ کھیلتے بھی دیکھا ہے۔ ہم نے انہیں ادبی اور سیاسی جلسوں میں پر مغز اور جوشیلی تقریریں کرتے اور مشاعروں کو لوٹتے بھی دیکھا ہے۔ مخدوم نے عقل کو دل کا پاسباں بنایا ہے تو کبھی دل کو تنہا بھی چھوڑا ہے۔ ان کی شخصیت کے مختلف پہلو ہونے کے باوجود ان کی شخصیت کا ہر پہلو علحدہ اور منفرد نوعیت کا حامل تھا۔

اس مردِ آزاد نے اپنی ساری زندگی دوسروں کیلئے وقف کردی تھی۔ تیاگ، ایثار اور قربانی کو زندگی کا شعار بنایا۔ماحول کی بے حسی اور لوگوں میں ایثار اور قربانی کے جذبے کا فقدان دیکھ کر کہتے ہیں۔

کوئی جلتا ہی نہیں کوئی پگھلتا ہی نہیں
موم بن جاؤ پگھل جاؤ کہ کچھ رات کٹے

مخدوم نے آسودہ حال اور مادی آسائشوں کی بجائے فقر و فاقہ کی زندگی گزاردی۔ اُن کی زندگی سخت آزمائشوں سے گزری اور انہوں نے سخت صعوبتیں برداشت کیں لیکن قدم کبھی نہیں ڈگمگائے۔ مسکراتے ہوئے خندہ پیشانی سے ہر مصیبت جھیلی۔ انہوں نے زندگی سے بھرپور انداز میں محبت کی اور دوسروں کو زندگی سے محبت کرنا سکھایا۔

مخدوم کو ان کی محنت، صلاحیت اور خدمات کے عوض جو معاوضہ ملتا رہا وہ بے

حد قلیل اور غیر تناسب تھا۔ انہوں نے ملک اور قوم کی بے لوث خدمت کی۔ راہ میں سخت مشکلات اور مصائب کا سامنا کرنا پڑا لیکن انہوں نے رکنے اور مڑ کے پیچھے دیکھنے کی تک زحمت گوارانہ کی۔ دم آخر تک اعلیٰ مقاصد کے حصول کیلئے جدوجہد کرتے رہے۔ زندگی کی اعلیٰ اور مثبت اقدار پر انہیں جو ایقان تھا وہ کبھی متزلزل نہیں ہوا۔ مخدوم ایک علامت تھے، نیکی اور اچھائی کی۔ مخدوم کے کردار کا ایک اہم وصف انسان دوستی اور محبت ہے۔ وہ انسانوں کے فرق اور امتیاز کو نہیں مانتے تھے۔ فرد کیلئے اپنے دل میں جذبہ اخلاص رکھتے تھے۔ اور تعصب و تنگ نظری کے دشمن تھے۔ وہ ہمیشہ کمزوروں کا سہارا بنے رہے اور کبھی کسی با اثر اور مقتدر شخصیت سے متاثر نہیں ہوئے۔ اخلاق جرات، بے باکی، ذاتی دشمنی مفاد سے اجتناب اور کردار کی مضبوطی کے باعث مخدوم نے سب کے دلوں میں جگہ پیدا کرلی تھی۔ ان کے خیالات اور نظریات سے اختلاف کرنے والے اور عوامی وادبی زندگی میں انہیں اپنا حریف سمجھنے والے بھی شخصی طور پر ان کا احترام کرتے تھے۔

ادبی محفلوں، مشاعروں اور دیگر تہذیبی تقاریب میں لوگوں کی آنکھیں مخدوم کو ڈھونڈا کرتیں۔ ان کی غیر موجودگی سے لوگ بے چین ہو جاتے تھے۔ کچھ دیر بعد مخدوم ہشاش بشاش، ہنستے مسکراتے، ادھر آتے دکھائی دیتے تو سب کی نگاہیں ان کی جانب اٹھ جاتیں اور یہ جان محفل، محفل کی رونق بڑھا دیتا۔ جب وہ نغمہ سرا ہوتے تو سب کے چہرے کھل اٹھتے۔ ان کے اشعار کی نغمگی جب ان کے ترنم سے ہم آہنگ ہو جاتی تو ایک عجیب کیفیت پیدا کرتی۔ سماں بندھ جاتا۔ حیدرآباد میں کئی بار مشاعروں میں بیرون ریاست کے ممتاز مہمان شعراء سے زیادہ

دلچسپی کے ساتھ مخدوم کو سنا گیا۔ کبھی وہ تحت الفظ میں اپنا کلام پڑھنا چاہتے تو سامعین انہیں اس کی اجازت نہ دیتے۔ وہ تو ہمیشہ ان کا کلام ان کے سحر انگیز ترنم میں سننا پسند کرتے تھے۔ مخدوم اپنا کلام ڈوب کر سنایا کرتے تھے۔ ان کے پڑھنے کا انداز بے حد متاثر کن تھا۔ سننے والوں کی طبیعت سیر نہ ہوتی تھی۔ سامعین کو اکثر پرانا کلام سننا پڑتا مگر ہر بار وہ کئی دفعہ سنی ہوئی نظموں اور غزلوں کو سن کر ایک نیا لطف لیتے۔

مخدوم بلاشبہ ایک بڑے شاعر تھے۔ ان کی شاعری میں جگہ جگہ فنکارانہ حسن کے بڑے خوبصورت اور اعلیٰ نمونے ملتے ہیں۔ انہوں نے اپنی ابتدائی شعری تخلیقات ہی کے ذریعہ ادبی دنیا کو اپنی طرف متوجہ کرلیا تھا اور بہت سے دیدہ وروں نے اس وقت اندازہ کرلیا تھا کہ حیدرآباد مستقبل قریب میں اردو شاعری کو ایک اور باکمال شاعر دینے والا ہے۔ مخدوم نے پچھلی صدی کے تیسرے دہے کے بعد شاعری کا آغاز کیا اور ان کا پہلا مجموعہ "سرخ سویرا" تقریباً دس سال کے فکر سخن کا نتیجہ ہے۔ اس شعری مجموعے میں رومانی اور انقلابی نظموں کے علاوہ ایسی نظمیں بھی شامل ہیں جن میں رومانی اور انقلابی شاعری کا امتزاج پایا جاتا ہے۔ اس مجموعے کی اہم نظموں میں جنگ، مشرق، حویلی، انتظار، انقلاب، اندھیرا، زلف چلیپا اور اسٹالن قابل ذکر ہیں۔

سرخ سویرا کی اشاعت کے بعد چونکہ مخدوم عملی سیاست کے میدان میں داخل ہوگئے تھے، اس لئے طویل عرصہ تک وہ شاعری کی جانب توجہ نہ دے سکے۔ اس طویل خاموشی کے بعد انہوں نے جو پہلی نظم لکھی وہ آزاد نظم "قید" ہے جو

دوسرے مجموعے گل تر کی پہلی نظم ہے۔ انہوں نے "چارہ گر" جو ان کی ایک اہم نظم ہے ۱۹۵۶ء میں لکھی۔ اس نظم سے مخدوم کی شاعری کا دوسرا دور شروع ہوتا ہے۔ اس نظم کے بعد انہوں نے بڑی اچھی اور حسین نظمیں لکھیں جن میں چاند تاروں کا بن، رقص، سناٹا، لخت جگر، وقت بے درد مسیحا اور وصال شامل ہیں۔ ان کی نظم چاند تاروں کا بن آزادی پر لکھی گئی بہترین نظموں میں اپنی منفرد شان رکھتی ہے۔ اس نظم کا کینوس بہت پھیلا ہوا ہے لیکن مخدوم نے اختصار سے کام لیتے ہوئے بڑی مکمل اور جامع نظم لکھی۔

موم کی طرح جلتے رہے ہم شہیدوں کے تن
رات بھر جھلملاتی رہی شمع صبح وطن

رات بھر جگمگاتا رہا چاند تاروں کا بن

مخدوم کے دوسرے دور کی شاعری کی اہم خصوصیت یہ ہے کہ اس میں اشاریت کا عنصر نمایاں ہے اور بالواسطہ اور شاعرانہ اظہار کو انہوں نے بڑی اہمیت دی ہے۔ احساسِ جمال، نغمگی اور موسیقیت کا عنصر از ابتداء تا انتہا ان کی شاعری میں موجود ہے۔ یہی خصوصیات مخدوم کو ان کے ہم عصر شعراء میں ممتاز و منفرد مقام عطا کرتی اور ان کے اشعار کو دوامی حیثیت بخشتی ہیں۔

مخدوم نے تقریباً ۲۵ برس تک نظم لکھنے کے بعد غزل کی صنف کی جانب توجہ کی اور تھوڑے ہی عرصہ میں اپنی چند نہایت دلکش اور عمدہ غزلوں کے ذریعہ اپنے آپ کو ایک کامیاب غزل گو ثابت کیا۔ غزل کی صنف کے لوازم اور تقاضوں کا انہوں نے پورا پورا لحاظ رکھا اور بے اعتدالیوں سے پرہیز کیا لیکن اس کے باوجود

ان کی غزل روایتی غزل سے مختلف ہے۔ فکر اسلوب کی تازگی نے ان کی غزل کو شگفتگی، دل نشینی اور دل آویزی بخشی ہے۔ سماجی اور سیاسی مسائل کو راست بیان کرنے کی بجائے غزل کے مخصوص اشاروں اور کنایوں میں بڑی مہارت کے ساتھ بیان کیا ہے۔ اس طرح صرف چند غزلیں کہنے کے باوجود انہوں نے نئی غزل کے سرمایہ میں اضافہ کیا۔

غرض یہ کہ مخدوم نے بہ حیثیت انسان، رہنما اور شاعر اپنی شخصیت کے ایسے گہرے نقوش چھوڑے ہیں کہ انہیں بھلایا نہیں جاسکتا۔ انہیں ہم سے جدا ہوئے تقریباً ۴۷ سال کی مدت ہورہی ہے لیکن جب کسی محفل میں ان کا تذکرہ ہوتا ہے تو روشن آنکھوں، دل آویز تبسم اور ہشاش بشاش چہرے کے ساتھ ان کی تصویر اور پرچھائیں ابھرتی ہے اور پھر آنکھوں کے سامنے ان کی کئی تصویریں گھوم جاتی ہیں مخدوم کی یاد تازہ پھولوں کی ایک مہک ہے جس سے دماغ معطر ہو جاتا ہے۔ یہ صحیح ہے کہ ہم ان کی مادی رفاقت سے محروم ہیں لیکن وہ اپنے پیچھے قیمتی اثاثہ چھوڑ گئے ہیں۔ ان کی شخصیت کے گہرے نقوش اور شاعری کا بیشتر حصہ زندہ اور باقی رہنے والی چیزیں ہیں۔

بزم سے دور وہ گاتا رہا تنہا تنہا
سو گیا ساز پر سر رکھ کے سحر سے پہلے

***

۴

اردو ادب میں غیر کا تصور

ڈاکٹر سرور الہدیٰ

غالب کے یوم پیدائش پر غالب انسٹی ٹیوٹ ہر سال دسمبر میں بین الاقوامی غالب سیمینار کا انعقاد کرتا ہے۔یہ محض اتفاق نہیں کہ آپ ادب کا کوئی بھی موضوع طے کریں ذکر غالب کی گنجائش نکل آتی ہے۔اس مرتبہ سیمینار کا موضوع "اردو ادب میں غیر کا تصور" تھا۔ ۲۵، ۲۴، ۲۳ دسمبر کی تاریخیں دہلی کی ادبی زندگی کے لیے نہایت اہم ہیں۔اردو میں پہلی مرتبہ اس موضوع پر سہ روزہ سیمینار کا انعقاد ہوا۔مقالہ نگاروں کو جو دعوت نامہ ارسال کیا گیا اس میں غالب کے خط سے ایک اقتباس بھی تھا جس میں وہ خود کو غیر تصور کرتے ہیں۔اس خط کی عبارت اس بات کا اظہار ہے کہ غالب کی تحریروں کو کس طرح بدلتے وقت کے ساتھ ایک نئی زندگی ملی ہے۔یہاں اس بات کا ذکر بھی ضروری ہے کہ سیمینار کا موضوع "اردو ادب میں غیر کا تصور" مشہور تاریخ داں پروفیسر ہربنس مکھیا کے مشورے کا نتیجہ ہے۔ہربنس مکھیا کو اردو زبان و ادب سے گہری دلچسپی ہے۔ان کی نثری نظمیں بھی شائع ہوتی رہی ہیں۔سیمینار کی افتتاحی تقریب ۲۳ دسمبر کی شام غالب انسٹی ٹیوٹ

میں ہوئی۔ اس کی صدارت جسٹس آفتاب احمد نے کی۔ نظامت کے فرائض غالب انسٹی ٹیوٹ کے ڈائرکٹر ڈاکٹر رضا حیدر نے انجام دیے۔ معروف نقاد پروفیسر شمیم حنفی نے کلیدی خطبہ پیش کیا۔ مہمان خصوصی کی حیثیت سے سابق الکشن کمشنر ایس وائی قریشی نے شرکت کی۔ اس موقع پر ایک بڑا مجمع غالب انسٹی ٹیوٹ کے آڈیٹوریم میں موجود تھا۔ میں نے محسوس کیا کہ ہر شخص غیر کے بارے میں کچھ سننا اور جاننا چاہتا ہے۔ کچھ لوگ غیر کے بارے میں ایک دوسرے سے باتیں کرتے نظر آئے۔ اس عمل کے دوران غالب کی تصویر کی طرف نگاہ چلی جاتی۔ اس شام 'غیر' کا اتنا زیادہ چرچا تھا کہ پاس کھڑے ہو کر بھی ہم شاید ایک دوسرے سے گریزاں تھے۔ غالب کی وہ تصویر اور نگاہ جس سے ہم شناسائی دعویٰ کرتے ہیں،ایسا محسوس ہوا کہ وہ بھی مانوس اجنبی کی طرح سلوک کر رہی ہے۔ سچ پوچھیے تو 'غیر' نے چاروں طرف سے گھیر رکھا تھا۔ ایک غیر تو خود ہمارے اندر ہے جس سے پیچھا چھڑانا ممکن نہیں۔ رضا حیدر نے سیمنار کے اغراض اور انسٹی ٹیوٹ کی کارگزاریوں کو پیش کرنے کے بعد انسٹی ٹیوٹ کے سکریٹری پروفیسر صدیق الرحمٰن قدوائی کو مائک پر آنے کی زحمت دی۔ قدوائی صاحب نے سیمنار کے موضوع کو اہم بتاتے ہوئے غیر کے عمومی تصور کی جانب اشارہ کیا۔ ان اشاروں میں رقیب کے ساتھ ساتھ وہ غیر بھی تھا جس سے ہم غافل رہتے ہیں۔ غیر بھی اپنا ہو جاتا ہے اور اپنا کبھی غیر، اس سیاق میں بھی قدوائی صاحب نے غیر کے مفہوم پر اظہار خیال کیا۔ جسٹس آفتاب احمد نے اردو کے ساتھ دنیا بھر کے ادب کا مطالعہ کیا ہے۔ غیر کا تصور ان کے لیے بھی بہت اہم تھا۔ جسٹس آفتاب نے غیر سے وابستہ مختلف تصورات کی طرف

سامعین کو متوجہ کیا۔ سامعین کو پروفیسر شمیم حنفی کے کلیدی خطبہ کا انتظار تھا۔ شمیم حنفی صاحب نے 'غیر' کے تصور کو تخلیقی سطح پر دیکھنے اور سمجھنے کی کوشش کی۔ اس لحاظ سے یہ خطبہ سامعین کے لیے بڑا اہم تھا۔ وہ جب راشد کی نظم "مجھے ودع کر" پڑھ رہے تھے تو ان کی آواز بھر آئی تھی۔ شمیم حنفی کا خطبہ نظریہ اور عمل کی ہماہنگی کی مثال بن گیا۔ ایک صاحب نے مجھ سے کہا کہ پھر بھی غیر سمجھ میں نہیں آیا۔ میں نے کہا کہ غیر کا التباس غیر کی بڑی طاقت ہے۔ افتتاحی تقریب ختم ہوئی اور ہم ایک 'غیر' کے ساتھ گھر لوٹ آئے۔

۲۴ کی صبح سیمنار کا پہلا اجلاس تھا۔ کل چھ اجلاس ہوئے اور اٹھارہ مقالے پیش کیے گئے۔ ہر اجلاس کا ایک صدر تھا جسے نظامت بھی کرنی تھی۔ تمام مقالوں کے بارے میں لکھنا مشکل ہے۔ کچھ ایسے مقالے تھے جو اپنی مشکل پسندی کے باوجود سنے جانے کے لائق تھے۔ بعض مقالے شاید مقالہ نگار کے لیے بھی غیر کی طرح تھے۔ اس لیے کہ مقالہ نگار کی حیثیت سے وہ موضوع سے مانوس نہیں ہو سکے۔ موضوع سے مانوس ہوئے بغیر مقالہ لکھ لینا بڑے حوصلے کی بات ہے۔ اگر اتنی ہی ڈھٹائی آجائے کہ ہمیں تو سنانا ہے تو اس کے بعد زندگی آسان ہو جاتی ہے۔ مگر کبھی یہ بھی سوچنا چاہیے کہ دوسروں پر کتنا مشکل وقت آتا ہوگا۔

ہمارے عہد کے اہم افسانہ نگار خالد جاوید نے اپنے مقالہ میں غیر سے وابستہ مختلف تصورات کو پیش کر کے نظری طور پر سیمنار کی فضابندی کر دی۔ خالد جاوید نے فلسفیانہ تناظر میں غیر کو دیکھا مگر اس کی پیشکش میں ایک گہری مانوسیت تھی۔ غیر کو دیکھنے کے جتنے زاویے ہو سکتے ہیں خالد جاوید نے انھیں جمع کرنے کی جیسی

کوشش کی وہ قابل داد ہے۔ پروفیسر انیس اشفاق نے بھی بہت محنت سے پرچہ لکھا تھا۔ مشرق اور مغرب میں غیر کا تصور کیا ہے اور یہ کس طرح ایک دوسرے کے ساتھ اور گریزاں ہے، انیس اشفاق نے اس سلسلہ میں بہت اچھی باتیں کیں۔ انھوں نے اردو کے چند اچھے اشعار بھی سنائے۔ پروفیسر شمیم حنفی نے اجلاس کی صدارتی تقریر میں غیر کو اس انداز سے دیکھا جو ان کے کلیدی خطبہ کا حصہ تھا۔ ان کا خیال تھا کہ بعض پرچے سننے کے لیے نہیں بلکہ پڑھے جانے کے لیے لکھے جاتے ہیں اور لازماً یہ پرچے ذہن پر زور دے کر لکھے گئے۔ پروفیسر شافع قدوائی نے اس بات پر زور دیا کہ غیر کا تصور سماجیاتی ہے اور اس حقیقت کو نظر انداز نہیں کرنا چاہیے۔ شافع قدوائی نے غیر کے عمرانی تصور کو عالمی سیاق میں دیکھا۔ غیر کا عمرانی سیاق ایک ایسا پہلو ہے جس کو عموماً نظر انداز کر دیا جاتا ہے۔ ایک سیشن کی صدارتی تقریر میں پروفیسر اپوروانند نے غیر کو اسی سماجیاتی تناظر میں دیکھا۔ انھوں نے اڈورنو کے ایک خیال کی روشنی میں غیر کے تصور کو دیکھا۔ مجموعی طور پر پروفیسر اپوروانند کی گفتگو سے غیر کی سماجی اور سیاسی تعبیر سامنے آئی۔ سرورالہدیٰ کا موضوع "حالی کی نظم شکوۂ ہند" تھا۔ انھوں نے ابتدا میں اپوروانند کی صدارتی تقریر کا حوالہ دیتے ہوئے کہا کہ ان کی گفتگو سے ایسا محسوس ہوا کہ 'غیر' کو آج کی دنیا کے تناظر میں دیکھا گیا۔ اسی لیے ان کی گفتگو میں بڑی تازگی بھی ہے اور "حالی کی نظم شکوۂ ہند" سے ان کے خیالات کا رشتہ قائم ہو جاتا ہے۔ شکوۂ ہند میں حالی کے لیے ہندوستان غیر ہے۔ جب کہ اس وقت انگریز ہندوستانیوں کے لیے غیر تھے۔ سرورالہدیٰ نے ناصر عباس نیّر کی کتاب "اردو ادب کی تشکیل جدید" کا بطور خاص

حوالہ دیااوراس بات کی طرف متوجہ کیا کہ اردو میں یہ پہلی کتاب ہے جس میں غیر کے نظری اور عملی پہلوؤں پر جہتوں اور حوالوں سے غور کیا گیا ہے۔ پروفیسر قاضی جمال حسین نے "اردو شاعری کے اغیار" کے عنوان سے مقالہ پیش کیا۔ غیر کے تعلق سے یہ عنوان ایک پورے باب کا احاطہ کرلیتا ہے۔ قاضی جمال حسین صاحب اپنے تنقیدی مقدمات کے اظہار میں نہایت حساس ہیں۔ پروفیسر قاضی افضال حسین کے مقالہ نے علمی سطح پر سامعین کو متاثر کیا۔ مجموعی طور پر تمام مقالوں میں ایک تلاش کا عمل موجود تھا۔ خواہ اس کی نوعیت نظری ہو یا عملی۔ پروفیسر ابوالکلام قاسمی نے اپنے مقالے میں اس بات پر زور دیا کہ غیر کی مختلف نوعیتوں پر غور کرتے ہوئے متن کو بھی پیش نظر رکھنا چاہیے۔ انھوں نے راشد اور اختر الایمان کی نظموں کے حوالے سے غیر کو تلاش کرنے کی کوشش کی۔ ضیا الدین شکیب نے اقبال کے تعلق سے غیر پر مقالہ پڑھا۔ سیمناروں میں مختلف ذوق اور سطح کے قارئین و سامعین ہوتے ہیں کوئی ایک مقالہ سب کی دلچسپی کا نہیں ہو سکتا۔ مقالہ نگار کا اپنا اپنا اسلوب ہے مگر یہ بات ضرور محسوس کی جانی چاہیے کہ سامعین ایک ایسے اسلوب کے متقاضی ہیں جو موضوع کے ساتھ انصاف بھی کرے اور اپنی بات بھی کہہ سکے۔ اور یہ بھی معلوم ہوا کہ اگر ہر جملے میں لفظ "غیر" استعمال نہیں کیا گیا تو غیر کے تصور پر ہونے باوجود غیر کا نہیں سمجھا جائے گا۔ یہ جملہ بھی سنا گیا کہ بھائی اس میں غیر کہاں ہے۔ ادبی محفلوں کی رنگارنگی ادبی محفلوں کو یادگار بناتی ہے۔ خوشی اس بات کی ہے کہ کافی دنوں کے بعد ایک تازگی کا احساس ہوا۔

سیمنار کے آخری اجلاس میں ہندی کے نامور نقاد پروفیسر پرشوتّم اگروال کو

خطاب کرنا تھا۔ اس آخری اجلاس میں سامعین کی خاصی تعداد تھی۔ تصورِ غیر نے تین دنوں تک نظریاتی اور عملی طور پر جس طرح اندر اور باہر سے گھیر رکھا تھا اس سے نکلنے کی کوئی صورت نظر نہیں آتی تھی۔ کوئی راہ فرار نظر نہیں آتی تھی۔ مجھے کلیم عاجز کا شعر یاد آتا رہا۔

غم آگے ہے غم پیچھے، غم دائیں ہیں غم بائیں
ایسے میں کہاں جائیں آ کوئی غزل گائیں

پروفیسر پرشوتم اگروال نے گفتگو کی ابتدا میں غیر کے موضوع کے لیے خود کو غیر بتایا اور یہ بھی کہا کہ اتنے اہم لوگوں کے درمیان مجھے بلایا گیا ہے میں ایک پاٹھک کے روپ میں اپنی باتیں رکھنا چاہتا ہوں۔ پرشوتم اگروال نے غیر کے وجود سے انکار نہیں کیا مگر اس بات پر زور دیا کہ اگر غیر ہی سب کچھ ہے اور ہم ہی ایک دوسرے کے لیے کسی قدر غیر ہیں تو دنیا میں اتنے ترجمے کیوں ہوئے؟ اور ہم ایک دوسرے کی بھاشا، کلچر وغیرہ کو جاننا کیوں چاہتے ہیں؟ اس لیے اس حقیقت کو پیش نظر رکھنا چاہیے کہ مشرق اور مغرب میں بہت کچھ ایسا ہے جو ایک جیسا ہے۔ پرشوتم اگروال کی تقریر نے سردار جعفری کی نظم "مشرق و مغرب کی یاد" تازہ کر دی۔

"دل جو سینوں میں دھڑکتے ہیں تو آواز ہے ایک "

***

۵

مولانا جلال الدین رومیؒ

سعید حسین

مثنوی کے اس آغاز اور پہلے شعر پر مثنوی کے شارحین نے کیا کچھ نہیں لکھا ہے۔ کیسے کیسے نکتے پیش کئے گئے ہیں۔ یہ انسان کی داستان اور تمثیل ہے۔ انسان ہی تو اس نیستان وجود یعنی دنیا میں نغمہ سرا ہے۔ وہ بانس جو ہمیشہ نغمے تخلیق کرنے والی بانسری ہے۔ اس کا مسئلہ اس دارالامتحان اور دارالاجسام میں آجانا ہے۔ یوں وہ ذات باری تعالیٰ سے بچھڑ گیا اور اب اس کے لب ہیں اور دائمی نغمہ جدائی۔ بانسری دیکھنے میں تو خشک چوب و خشک پوست ہے۔ پھر۔۔۔

از کجامی آید ایں آواز دوست

("آواز دوست تو وجود کی گہرائیوں سے ابھر رہی ہے۔")

مولانا رومؒ راتوں کو شعر بولتے جاتے اور چلپی حسام الدین تحریر کرتے جاتے اور بڑے دل آویز و دل سوز لہجے میں یہ شعر مولانا کو سناتے رہتے اور بسا اوقات پوری رات یوں ہی گزر جاتی۔ پھر وہ ان اشعار کو خوش خط لکھوا کر مولانا کی خدمت میں پیش کرتے اور مولانا نظر ثانی فرماتے۔ یوں مثنوی کا زمانہ تصنیف پندرہ برسوں

کی مدت پر محیط ہے۔ مولانا تمثیل و حکایت کے ذریعے اپنے موضوع کو چمکاتے اور ہمارے تجربہ کا حصہ بنادیتے ہیں۔ اس باب میں غالباً عالمی ادب میں ان کا کوئی حریف نہیں۔

مثنو ی مولاناروم کے چند موضوعات:

مثنوی رومی رندگی کی وسعتوں کا ایک اشاریہ ہے۔ کون سا ایسا موضوع ہے جو ان کی نظر اور فکر سے بچا ہو۔ مثنوی میں تقدیر اور عقائد اسلامی، جزاو سزاء "جبر و اختیار" سارے ہی بنیادی مباحث ہمیں اس طرح ملتے ہیں کہ دماغ ہی انہیں تسلیم نہیں کرتا بلکہ دل کو بھی سکون اور اطمینان حاصل ہوتا ہے۔

مثنوی کے موضوعات میں شرف انسان اور تکریم آدم کو بڑی اہمیت حاصل ہے۔ اس کے لئے وہ اللہ جل شانہ کی آخری اور محفوظ ترین کتاب قرآن حکیم سے اشارے مستعار لیتے ہیں اور انہیں اپنے بیان میں جگہ دیتے ہیں۔ قرآن حکیم نے فرمایاہے کہ: "ہم نے آدمی کو بحیثیت آدمی واجب تکریم بنایاہے۔" اور پھر حضور اکرم صلی اللہ علیہ و آلہ وسلم کی شان میں "اعطیناک" آیاہے۔ "ہم نے آپؐ کو کوثر عطا کیا۔" اور حضور اکرم صلی اللہ علیہ و آلہ وسلم انسانیت کے عظیم ترین نمائندے ہیں۔ مولانائے روم کے نزدیک انسان کی عظمت اور اہمیت کا سبب ذوقِ عمل ہے۔ ہمارے دور کی طرح ان کے زمانے میں بہت سے لوگوں نے اپنی بے عملی کو "توکل" کا نام دے دیا تھا۔ مولانا نے مثنوی میں ایسے توکل کو رد کر دیا ہے۔

گفت پیغمبرؐ با آواز بلند
باتوکل زانوئے اشتر یہ بند

رمز "الکاسب حبیب اللہ "شند
از توکل در کسب کاہل مشد

(پیغمبرؐ خدا نے بلند آواز میں وضاحت کے ساتھ فرما دیا کہ توکل کے ساتھ اونٹ کا پیر باندھ دو (یعنی اونٹ کا پیر باندھ دو اور پھر اللہ تعالی پر توکل کرو کہ اونٹ بھاگے گا نہیں)

الکاسب حبیب اللہ۔ (کمانے والا اللہ تعالیٰ کا دوست ہے) کا بھید سنو اور سمجھو اور رزق حاصل کرنے میں توکل کا بہانہ کر کے کاہلی نہ کرو۔")

مولانا نے مثنوی میں عمل کے راز کو سامنے کی مثال سے آشکار کیا ہے کہ اللہ تعالیٰ نے ہمیں ہاتھ پاؤں اور جسمانی طاقت دی ہے تو کیوں؟ اسی لئے کہ ہم اپنے اعضاء اور قوت سے کام لیں۔ ایک آدمی اپنے ملازم کو کدال دیتا ہے تو کیا زبان سے کہنا ضروری ہے کہ تم زمین کھودو۔ مولانا نے مثنوی میں عقل اور اس کے استدلال کو بے وقعت قرار دیا ہے اور ان کا یہ شعر تو فارسی سے حالیہ دوری کے باوجود ہمارے معاشرے میں ضرب المثل کا درجہ رکھتا ہے۔

پائے استدلالیاں چوبیں بود
پائے چوبیں سخت بے تمکیں بود

"منطقیوں کا پیر، لکڑی کا بنا ہوا پیر ہے اور لکڑی کا پیر سخت کمزور اور بے وقعت ہوتا ہے۔ (لکڑی کے پیر والا کتنی مشکل سے چلتا پھرتا ہے۔")

ایسی عقل جو ایمان اور یقین سے محروم ہو، اسے مثنوی میں عقل جزوی کہا ہے۔ اس سے یہ بات بھی واضح ہو جاتی ہے کہ مولانائے روم عقل دشمن نہیں بلکہ وہ

اس عقل جزوی کے خلاف ہیں جو عشق و یقین سے بیگانہ ہو۔ عقل جزوی آفت، وہم اور ظن و گمان ہے۔ مولانائے رومؒ نے مثنوی میں عشق کو "عقل ایمانی" کہا ہے اور اقبالؔ نے "دانش نورانی" کی اصطلاح استعمال کی ہے۔ یہ بھی اقبالؔ پر مولانا کا اثر ہے۔ دانش نورانی کے مطابق "دانش برہانی" ہے جسے مولانائے روم نے "عقل جزوی" کہا ہے۔ مولانا کا ایک شعر "عقل ایمانی" کے بارے میں ملاحظہ ہو۔

عقل ایمانی چو شحنہ عادل است
پاسبان و حاکم شہر دل است

("عقل ایمان عقل کرنے والے کو توال کی طرح ہے جو شہر دل کی پاسبان اور حاکم ہے۔")

جبر و قدر کا مسئلہ انسانی فکر اور فلسفہ و علم کلام کا بے حد مشکل مسئلہ ہے۔ جو لوگ انسان کو مجبور مطلق سمجھتے ہیں، وہ جبریہ کہلاتے ہیں۔ جبر و قدر کا معاملہ مسئلہ تقدیر سے جاملتا ہے جو ہمارے ایمانیات کا حصہ ہے۔ مولاناؒ روم درمیانی راستے پر چلتے ہیں۔ وہ انسان کو مجبور مطلق نہیں مانتے تھے۔ انسان کو مجبور مطلق ماننے کا مطلب یہ ہے کہ وہ اپنے اعمال کے لئے مکلف نہیں رہے گا۔ مولانا اختیار کو انسانی وجود کا حصہ سمجھتے ہیں۔ حکم اسی کو دیا جاتا ہے جو حکم پر عمل کرسکے۔ مجبور مطلق سے اطاعت احکام کا مطالبہ کون کرے گا؟

جملہ قرآں امر و نہی است و وعید
امر کردن سنگ مرمر را کہ دید؟

("پورے قرآن میں امر و نہی کے احکام ہیں اور بداعمالیوں پر وعید کی گئی

ہے۔ کس نے دیکھا کہ سنگ مرمر کو کوئی حکم دیا گیا")

سنگ مرمر کی مثال کتنی جامع اور قائل کر دینے والی ہے۔ یہ مولانائے رومؒ کے فن کا ایک اہم حصہ ہے۔

مغرب، میں مشرقی ادبیات کی جن کتابوں کو سب سے زیادہ شہرت حاصل ہوئی، ان میں مثنوی مولانا رومؒ سرفہرست ہے۔ مجموعی طور پر مثنوی کے اثرات مغرب کے انداز فکر پر شاہنامہ فردوسی اور گلستان سعدیؒ سے زیادہ گہرے مرتب ہوئے ہیں۔شاہنامہ ایک تہذیب کی کہانی ہے جو حقیقت اور افسانے کے تار و پود سے بنی گئی ہے۔

گلستان میں یقیناً تنوع اور وسعت ہے اور گلستان سے اس عہد کی زندگی اور معاشرت زندہ ہو کر ہمارے سامنے آئی ہے۔ لیکن مثنوی مولانا رومیؒ نے مغرب کے انسان کی بیقرار روح کو اس طرح سکون عطا کیا ہے جس طرح ہماری روحوں کو انگلستان کے مابعد الطبعیاتی شاعر ہو یا عہد حاضر کی مادیت میں گرفتار مغربی انسان نے انہیں مثنوی ابدیت اور سکون سے ہمکنار کیا ہے۔

انگریزی زبان سمیت دنیا کی کئی زبانوں میں مثنوی کے کئی ترجمے ہوئے ہیں اور یہ مثنوی پر کئی کتابیں شائع ہوئی ہیں۔ ون فیلڈ نے مثنوی کا بہت اچھا مطالعہ کیا اور اسے انگریزی میں منتقل کیا۔ سر جمیز ریڈ ہاؤس نے پورے دفتر اول کا منظوم ترجمہ کیا ہے۔ پروفیسر ار۔اے۔ نکلسن نے مثنوی کی پوری تشریح انگریزی میں لکھی ہے۔

حضرت شمس الدینؒ نے ایک مرتبہ مدرسہ میں فرمایا کہ جو شخص انبیاء کو دیکھنا

چاہتا ہو وہ مولانا کو دیکھے کہ ان میں سیرت الانبیاء موجود ہے۔ اگر چاہتے ہو کہ "العلماء ورثتہ الانبیاء" کے معنی معلوم ہوں تو مولانا رومی کو دیکھ لو۔ نیز فرمایا کہ "اس وقت اصول، فقہ، نحو، منطق کسی فن میں مولانا سے بڑھ کر کوئی نہیں۔ اگر میں سو برس بھی کوشش کروں تو اس حد کو نہیں پہنچ سکتا۔

✲ ✲ ✲

۶

محسنِ علم و ادب: حضرت امیر مینائی

ڈاکٹر امیر علی

محسنِ علم و ادب حضرت امیرؔ مینائی کی شخصیت کسی تعریف کی محتاج نہیں ہے۔ منشی امیر احمد امیرؔ مینائی ہماری زبان کے منفرد ترجمان دبستان لکھنؤ کے عظیم المرتبت شاعر گزرے ہیں۔ اُنھوں نے اُردو اور فارسی زبانوں میں شاعری کی ہے۔ اُنھوں نے زبان کے ایسے دریا بہائے جس سے سارا ہندوستان آج بھی سیر اب ہو رہا ہے۔ اُنھیں زبان پر بے پناہ قدرت حاصل تھی۔ وہ بنیادی طور پر غزل کے منفرد شاعر ہیں۔ مگر اُنھوں نے دوسری اصناف پر طبع آزمائی کی ہے۔ اُن کی شاعرانہ عظمت کو اس دور کے سبھی نامور شعراء اور ادیبوں نے بھی تسلیم کیا ہے۔ آپ کی پیدائش لکھنؤ میں ہوئی اور عمر کا طویل حصہ اُنھوں نے لکھنؤ میں بسر کیا اور جب لکھنؤ اُجڑ گیا تو اُنھوں نے رام پور، بھوپال اور حیدر آباد کا بھی سفر کیا۔ اُنھوں نے تمام عمر شعر و ادب اور تہذیب کو فروغ دینے میں صرف کر دی۔ اُن کی شاعری وقت گزاری یا دل بہلانے کا وسیلہ نہ تھی۔ اُن کے کلام میں بڑی گہرائی اور گیرائی ہے جو صرف جذبات ہی کو متاثر نہیں کرتی بلکہ ذہن پر بھی اپنا گہرا اثر چھوڑتی ہے۔ اُن کے

علم و فضل، اعلیٰ اخلاق و زہد، سادگی اور خودداری، مروت و ہمدردی، ملنساری، خدمت خلق اور کثیر التصانیف نے اُن کی عزت اور شہرت اور بڑھادی تھی۔ اودھ کے آخری حکمراں نواب واجد علی شاہ آپ کی بڑی عزت کرتے تھے اور آپ کی شخصیت اور شاعری کے بڑے مداح تھے۔ حضرت امیرؔ مینائی کا آبائی وطن لکھنؤ ہے اور یہیں پر آپ کی نشو و نما ہوئی۔ سرزمین لکھنؤ سے آپ کو گہرا لگاؤ تھا جو آخری دم تک قائم رہا۔ چنانچہ ایک جگہ اس طرح فرماتے ہیں :

ہوا پیوند میں زمیں کا تو دل ہُوا شاد مجھ حزیں کا
بس اب ارادہ نہیں کہیں کا کہ رہنے والا ہوں میں یہاں کا

حضرت امیرؔ مینائی کا اصل نام امیر احمد ہے اور شاعری میں امیرؔ تخلص فرماتے تھے۔ آپ کی ولادت ۱۶ شعبان المعظم ۱۲۴۴ھ کو دوشنبہ کے دن ساڑھے دس بجے لکھنؤ میں ہوئی۔ آپ کی ولادت کے وقت لکھنؤ میں شاہ نصیر الدین حیدر کا عہد تھا اور لکھنؤ علم و ادب و امن کا گہوارہ تھا اور بڑے بڑے نامی گرامی شعراء اور اہل کمال لکھنؤ میں پیدا ہوئے اور اُن کی شاعری کی ہر طرف دھوم تھی اور اُن کے فکر و فن کا طوطی بول رہا تھا اور دربار لکھنؤ شعراء اور اہل ہنر کا ملجا اور ماوا تھا۔ حضرت امیرؔ مینائی کے مورث اعلیٰ حضرت شیخ عثمان ملکِ عرب سے ہجرت کرکے ہندوستان تشریف لائے، وہ بڑی خوبیوں کے مالک تھے اور یہاں پر اعلیٰ عہدوں پر فائز رہے۔ یہاں ان کی اولاد خوب پھلی پھولی اور خوب نام کمایا۔ حضرت امیرؔ مینائی مولوی شاہ کرم محمد مینائی (مرید و یار مجاز حضرت مولانا شاہ عبدالرحمن لکھنوی) کے چھوٹے صاحبزادے ہیں۔ فوج شاہی دلی میں شاہی عہدے پر مامور تھے مگر چند سال کے بعد

جونپور چلے گئے اور وہیں پر سکونت اختیار کرلی۔

حضرت امیرؔ مینائی کا گھرانہ خالص مذہبی تھا۔ علم و فضل، اعلیٰ اخلاق، زہد و تقویٰ اور خدمت خلق خاص جوہر تھے۔ اس کے ساتھ ساتھ درویشانہ طریقۂ زندگی ہونے کی وجہ سے یہ خاندان سارے علاقے میں معزز و محترم تھا۔ عیان دولت و ارکان مملکت بھی اس خاندان کی بڑی عزت کرتے تھے اور اس خاندان کی خدمت کو سعادت سمجھتے تھے۔ جاگیر وغیرہ نے حصول معاش کی فکر سے مستغنی رکھا تھا اس لئے تحصیل علوم ظاہر یا مجاہدہ و مشاہدہ اور خدمت خلق خاندانی مشاغل تھے۔ خودداری اور خود اعتمادی بھی اس خاندان کے اوصاف تھے۔ مولوی شاہ کرم محمد مینائی بھی اُردو کے پُرگو شاعر تھے اور ادب کا اعلیٰ ذوق رکھتے تھے اور وہ چاہتے تھے کہ اُن کے ہونہار فرزند بھی حصول علم کے بعد شاعری کے میدان میں قدم رکھے اور اس میدان میں نام کمائے۔ مگر حضرت امیرؔ مینائی کی عمر ابھی ۱۱ برس کی ہی تھی کہ آپ کے والد بزرگوار کا سایہ سر سے اُٹھ گیا مگر آپ کے بڑے بھائی مفتی طالب حسن جو اُس وقت نظامت میر منشی پر برسر خدمت تھے، سہارا دیا اور آپ کی پرورش کی اور اپنے بیٹے کی طرح تربیت کی اور والد کی کمی کو کبھی محسوس ہونے نہ دیا۔ حضرت امیرؔ مینائی نے بھی اپنے بڑے بھائی مفتی طالب حسن کی نوازشوں اور اُن کی خدمات کا ذکر اپنی شاعری میں کیا ہے۔ حضرت امیرؔ مینائی ابتداء میں قرآن مجید کی تعلیم مولوی مظفر علی سے حاصل کی اور آگے چل کر علم و ادب مفتی محمد سعد اللہ مرادآبادی سے حاصل کی۔ مفتی محمد یوسف اور مولوی عبدالحکیم فرنگی محلی سے فقہ، حدیث اور اُصول پڑھ کر فارغ التحصیل ہوئے اور اُن کے سر پر فضیلت کی دستار

باندھی گئی۔ اس کے علاوہ حضرت امیر ؔمینائی نے پیشۂ طب کی بھی باقاعدہ تعلیم حاصل کی اور اس پیشہ سے وابستہ رہے مگر بہت جلد اس پیشے سے کنارہ کش ہو گئے۔ طالب علمی کے دور سے ہی علم و ادب میں آپ کی شہرت پورے لکھنؤ میں ہو چکی تھی اور اساتذۂ ادب بھی اس بات کو تسلیم کرتے تھے کہ اب امیر احمد ادیبِ کامل بن گئے ہیں۔ حضرت امیر ؔمینائی عنفوانِ شباب سے ہی فقر کی طرف رجوع ہوئے اور آپ کی طبیعت میں درویشی، زہد و تقویٰ، خدمتِ خلق اور تصوف و سلوک بدرجہ اتم موجود تھا جو آخری دم تک رہا۔ ۹ سال کی عمر سے ہی شعر کہنا شروع کیا۔ اُنھوں نے ایک مشہور غزل کہی تھی جس پر اُن کو بہت داد ملی اور اُن کی طباعی کو بھی سراہا گیا تھا۔ اس غزل کا شعر کچھ اس طرح ہے :

ابر آتا ہے ہر بار برستا نہیں پانی
اس غم سے مرے آنسوؤں کی ہے یہ روانی

حضرت امیر ؔمینائی نے شاعری کے میدان میں قدم رکھا تو سارے لکھنؤ میں ان شعراء کی شاعری کی دھوم تھی اور ان شعراء کے فکر و فن کا طوطی بول رہا تھا جن میں برقؔ، قلقؔ، رندؔ، وزیرؔ، صباؔ، بحرؔ، ناسخؔ، آتشؔ، جلالؔ، خلیلؔ وغیرہ شامل ہیں۔ حضرت امیر مینائی نے بھی اپنی ذاتی محنت اور خداداد صلاحیتوں سے اُردو زبان و ادب اور شاعری میں منفرد مقام حاصل کیا۔ آپ اُس دور کے ادبی مشاعروں میں شرکت کرتے اور اپنا کلام پیش کرتے، اُن کے کلام کی ہر طرف دھوم تھی۔

حضرت امیر ؔمینائی کی شاعری میں نازک خیالی، معنی آفرینی، فصاحت و بلاغت، تصوف اور اُس کے مسائل موجود ہیں۔ وہ جو کچھ کہتے ہیں کیف و سرمستی میں ڈوبا ہوا

ہوتا ہے۔ اُن کے کلام میں شاعری کے اعلیٰ نمونے موجود ہیں۔ آج بھی لوگ اُن کے اشعار بڑے شوق سے پڑھتے ہیں۔ دنیا ناپائیدار اور فانی ہے اور یہاں اکڑنا نادانی ہے۔ دنیا کے بڑے بڑے حکمراں جن کو اپنی طاقت، دولت، ثروت پر ناز تھا سب مٹی میں مل چکے ہیں اور قبروں میں کسمپرسی کے عالم میں سورہے ہیں اور ان کا نام ونشان دنیا سے مٹ چکا ہے۔ دنیا ایک دن فنا ہونے والی ہے اسی لئے انسان کو مرنے سے پہلے نیک اعمال کا ذخیرہ کرلینا چاہئے کیوں کہ ہر جاندار کو موت کا مزہ چکھنا ہے۔ اس خیال کو اُردو کے سبھی شعراء نے اپنی شاعری سے لوگوں کو آگاہ کیا ہے اور اس ضمن میں حضرت امیرؔ مینائی نے بھی نصیحت آموز مشہور غزل کہی تھی جس کا پوری اُردو شاعری میں جواب نہیں :

ہوئے نامور بے نشاں کیسے کیسے
زمیں کھا گئی آسماں کیسے کیسے
نہ گُل ہیں نہ بُوٹے نہ غنچے نہ پتّے
ہوئے باغ نذرِ خزاں کیسے کیسے
ستاروں کو دیکھو بہار آنکھ اُٹھا کر
کھلاتا ہے پھول آسماں کیسے کیسے
خزاں لُوٹ ہی لے گی، باغ سارا
تڑپتے رہے باغباں کیسے کیسے
رہِ عشق میں پھرتے ہیں مارے مارے
تباہی زدہ کارواں کیسے کیسے

جگر میں تڑپ، دل میں درد، آنکھ ہیں نم
ملے ہیں ہمیں مہماں کیسے کیسے
امیرؔ اب مدینے کو تو بھی رواں ہو
چلے جاتے ہیں کارواں کیسے کیسے

ایک بار رام پور کے قیام کے دوران بارش نہ ہونے کی وجہ سے قحط سالی کے آثار پیدا ہو گئے تھے اور عوام سخت پریشان تھے والیٔ رام پور نواب یوسف علی خان نے حضرت امیرؔ مینائی سے فرمائش کی کہ وہ بارش کے لئے بارگاہِ الٰہی میں التجا کریں اور بارش کے لئے دعا کریں۔ آپ نے بارش کے لئے دعا کی اور اس کا اثر یہ ہوا کہ ان کی دعا قبول ہوئی اور خوب بارش ہوئی اور عوام نے راحت کی سانس لی۔ حضرت امیرؔ مینائی نے اپنی مشہور غزل کے ذریعے دعا کی تھی وہ غزل کچھ اس طرح ہے:

یا خدا خلق کو جینے کا سہارا ہو جائے
ابرِ رحمت کو برسنے کا اشارہ ہو جائے
بجلیاں چمکیں فلک پر ہو گھٹاؤں کا ہجوم
بوند جو آئے وہ قسمت کا ستارا ہو جائے
جوش میں ابر کرم آئے تو جل تھل بھر جائیں
کب سے ناکام ہیں اب کام ہمارا ہو جائے
باغ شاداب ہو کھیتی ہو ہری دل ہوں نہال
عیش و آرام سے خلقت کا گزارا ہو جائے
اپنے مخلوق کو تو کال کے پھندے سے نکال

یہ مصیبت نہیں ایسی کہ گوارا ہو جائے
اس تباہی میں ہے تھوڑی سی عنایت ہی بہت
ڈوبتے کے لئے تنکے کا سہارا ہو جائے
التجا کرتے ہیں تجھ سے ترے عاجز بندے
رحم کو بندہ نوازی کا اشارہ ہو جائے
ایک چھینٹا جو پڑے ابر و کرم کا تیرے
درد و دُکھ دور ہمارا ابھی سارا ہو جائے
یا نبیؐ تجھ پہ تصدق ترا امداحِ امیرؔ
اک نظرِ لطف کی اُمت پہ خدارا ہو جائے

اُردو شاعری یوں ہی پروان نہیں چڑھی، اس کو فروغ دینے اور پروان چڑھانے میں اُردو زبان و ادب کے سبھی شعراء اور اہل کمالوں نے اپنی قربانی سے شاعری کے اس باغ کو سینچا اور اپنے خون جگر سے اس باغ کی آبیاری کی ہے جو ایک نا قابل فراموش کارنامہ ہے۔ وہ صحیح معنوں میں اس کے باغباں ہیں۔ ان شاعروں نے جس چیز کو شاعری سمجھا تھا اس کو فروغ دینے اور پروان چڑھانے کے لئے بڑی بڑی تکالیف کو برداشت کر کے ایک ایک قافیے کو خوب صورتی کے ساتھ نظم کرنے میں اور ایک ایک مناسب و موزوں لفظ کی تلاش میں بہت غور و فکر اور احتیاط سے کام لیتے تھے۔ اُن کی شاعری جیسی بھی تھی اپنے ماحول سے اتنی مطابقت رکھتی تھی کہ اُس دور کے خوش مزاج اصحاب اُن کے کلام سے محظوظ ہوتے تھے اور ان شعراء کو بزم ادب میں بلند سے بلند مقام کا مستحق سمجھتے تھے۔ اُن شاعروں کا

اُردو زبان و ادب، تہذیب اور شاعری پر بڑا احسان ہے کہ اُنھوں نے اپنے زمانے کے مذاق کے مطابق شعر کہہ کر اُردو کے باغ کو رونق بخشی اور اپنے اور آنے والے عہد کو بڑا متاثر کیا۔ اب حالات و خیالات کی تبدیلی اور زمانے کی رنگارنگی کے بعد ہم ان کے کلام کو پسند کریں یا نہ کریں مگر اُردو زبان و ادب کا مورخ ان کے گراں قدر کارناموں کو کبھی فراموش نہیں کر سکتا۔ ایسے ہی نامور شعراء میں حضرت امیرؔ مینائی کا شمار ہوتا ہے۔ جن کی شاعرانہ عظمت کا اندازہ اُن کے ہی اشعار سے لگایا جا سکتا ہے۔

خنجر چلے کسی پہ تڑپتے ہیں ہم امیرؔ
سارے جہاں کا درد ہمارے جگر میں ہے

بالائے آسماں تھے ہم عرش آشیاں تھے
کوئی نہ تھا وہاں تھے اب کیا کہیں کہاں تھے

خاموش ہیں لحد میں جو لوگ خوش بیاں تھے
غنچوں کے وہ دہن ہیں بلبل کی جو زباں تھے

دیکھا خزاں میں ہم نے بلبل کے آشیاں کو
دو چار پر شکستہ دو چار استخواں تھے

کمزور پا کے ہم کو کیا بل کی لے رہے ہو
ہم بھی تو نوجوانو آخر کبھی جواں تھے

پہنچے جو ہم عدم کو اہلِ عدم یہ بولے
مدت کے بعد آئے اتنے دنوں کہاں تھے

جب تک لکھنؤ آباد رہا حضرت امیرؔ مینائی لکھنؤ میں رہے۔ غدر ۱۸۵۷ء کے ہنگاموں سے دلی اور لکھنؤ اُجڑ گئے اور لکھنؤ کی بہاروں کا خاتمہ ہو گیا۔ عظیم مغلیہ سلطنت روبہ زوال ہو گئی۔ بادشاہ پنشن خوار ہو گئے اور عوام عیش و نشاط میں مگن تھے۔ جو نظام معاشرت صدیوں سے ملک میں چلا آرہا تھا اب اس کے ستون جواب دے چکے تھے۔ علم و دانش کی مشعلیں حوادثِ روزگار سے بجھنے لگی تھیں۔ والیٔ رام پور فردوس مکاں نواب یوسف علی خان جو اُردو کے پُرگو شاعر اور ایک نیک دل حکمران تھے، بڑی خواہش سے حضرت امیرؔ مینائی کو طلب فرمایا اور قدردانی کا حق ادا کیا۔ فردوس مکاں کے انتقال کے بعد اُن کے ہونہار فرزند خلد آشیاں نواب کلب علی خاں سربراہِ رام پور مقرر ہوئے وہ بھی اپنے پدر بزرگوار کی طرح شعر و شاعری اور ادب کا اعلیٰ مذاق رکھتے تھے اور شاعری میں نواب تخلص فرماتے تھے۔ اُنھوں نے بھی حضرت امیرؔ مینائی کی قدر دانی میں کوئی کمی نہیں کی اور حضرت امیرؔ مینائی رام پور میں بڑے آرام سے رہے اور خلد آشیاں کی رحلت کے بعد ریاست میں انگریزی طرز پر نئے اصلاحات عمل میں آئے اور حضرت امیر مینائی نے رام پور کو خیر باد کہا اور چین و سکون کی تلاش میں حیدرآباد (دکن) کا قصد کیا :

کہیں آرام سے دو دن فلک رہنے نہیں دیتا
ہمیشہ اک نہ اک سر پر مصیبت آ ہی جاتی ہے

حضرت امیرؔ مینائی ۵ ستمبر ۱۹۰۰ء کو حیدرآباد (دکن) تشریف لائے اور آکر اپنے دیرینہ رفیق داغؔ دہلوی کے مہمان ہوئے جن کا ایک مکان محلہ افضل گنج میں تھا۔ یہاں آتے ہی اُن کی صحت بگڑ گئی اور دوا اور دعا نے اپنا اثر نہیں دکھایا اور شاہی

علاج کے باوجود وہ روبہ صحت نہیں ہوئے اور قضاء و قدر نے آپ کو یہاں زیادہ قیام کی مہلت نہ دی اور آخر کار "غربت میں" "مینائے امیرؔ" توڑ ڈالی اور قلیل عرصہ علالت کے بعد اُنھوں نے ۱۳ اکٹوبر ۱۹۰۰ء کو آخری سانس لی اور اپنے مالکِ حقیقی سے جا ملے۔ آپ کے انتقال کی خبر عام ہوئی تو ہر طرف کہرام مچ گیا اور آپ کے وصال پر امیر، امراء اور اُن کے مداحوں نے آنسو بہائے اور آپ کی وفات پر گل ہائے عقیدت پیش کئے اور آپ کی مغفرت کے لئے بارگاہِ الٰہی میں دعا کی۔ آپ کے جسد خاکی کو ہزاروں سوگواروں کے بیچ احاطہ درگاہ حضرات یوسفینؒ نامپلی حیدرآباد میں سپرد لحد کر دیا گیا۔ اس طرح اُردو زبان و ادب اور شاعری کی یہ شمع لکھنؤ میں روشن ہو کر حیدرآباد (دکن) میں خاموش ہوگئی۔ کہاں کی مٹی کہاں لے گئی اور کہاں سپرد خاک ہوئے۔ حضرت امیرؔ مینائی نے طویل عمر پائی اور آپ کی وفات کے وقت آپ کی عمر ۷۳ برس تھی۔ آپ کے شاگردوں، دوست احباب اور چاہنے والوں کا حلقہ بہت وسیع تھا۔ لکھنؤ شہر سے آپ کو خاص لگاؤ تھا۔ آپ نے اودھ کے آخری تاجدار نواب واجد علی شاہ کا عہد عیش و عشرت بھی دیکھا اور قیصر باغ کے میلے بھی دیکھے۔ فردوس مکاں اور خلد آشیاں کے عہد کی رونقیں اور دلچسپیاں بھی دیکھیں مگر اللہ رے پرہیز گاری کبھی دامن اتقاء ہاتھ سے نہ چھوٹا اور وہ مشغلۂ شعر و شاعری کے ساتھ ساتھ پابندی سے فرض نمازیں، تہجد اور ذکر الٰہی میں اس طرح کھو جاتے کہ آپ پر بقا و فنا کی سی کیفیت طاری ہو جاتی۔ "نمی دانم چہ منزل بود شب جائے کہ من بُودم، بہر سو رقص بسمل بود شب جائے کہ من بُودم" والا معاملہ ہوتا تھا۔ آپ مجسمۂ اخلاق تھے اور آپ کی صورت اور سیرت و مزاج و متانت لوگوں کے لئے

نمونہ عمل ہے۔ داغؔ اور جلالؔ نے اپنے دیرینہ رفیق کی جدائی پر منظوم خراج عقیدت پیش کیا تھا اور بڑے ہی پُر سوز اشعار کہے ہیں :

وائے ویلا چل بسا دنیا سے وہ
جو مرا اہم فن تھا میرا اہم صغیر
ہے دُعا بھی داغ کی تاریخ بھی
قصرِ عالی پائے جنت میں امیرؔ
کُجا امیرؔ کُجا سرزمین ملک دکن
کہاں قیام تھا مدفن کہاں ہوا ہے نصیب
جلالؔ لکھ دو یہ تاریخ اُن کی رحلت کی
امیرؔ ہو گئے صد وائے ایک مرد غریب

***

۷

اردو اخبارات کا کردار اور اداریہ کی پالیسی

شیخ فہیم اللہ

اخبار میں اداریہ خبروں کی پالیسی کا نہ صرف ترجمان بلکہ جان ہوتی ہے۔ جس سے اس کی انفرادیت معلوم ہوتی ہے۔ اداریہ اخبار کیلئے ایک اہم عضو ہوتا ہے جو اخبار کا اپنا ایک مسلک، عقیدہ، رجحان اور کردار کیا ہے۔ صحافت کا اصول یہ ہے کہ خبروں کو معروضی انداز میں پیش کیا جائے۔ ان میں اپنی آواز کو پیش کیا جائے۔ خبروں کا بنیادی وصف اس کی صحت ہے۔ کسی واقعہ کا بے لاگ غیر جانبدارانہ اور دیانت دارانہ بیان خبر کہلاتا ہے۔

صحافت میں اداریہ نویس کیلئے تجاویزات ضروری ہوتے ہیں (۱) اداریہ نویس کو حقائق پوری ایمانداری سے پیش کرنا چاہئے۔ کسی واقعہ کو توڑ مروڑ کر پیش نہیں کرنا چاہئے یا کسی شخص کی شبیہ خراب کرنے کی کوشش نہیں کرنا چاہئے۔ (۲) اداریہ نویس کو نہ تو کبھی ذاتی مفادات کی طرف مائل ہونا چاہئے اور نہ اپنے اور دوسروں کیلئے خصوصی فائدہ حاصل کرنے میں اپنے اثر کا استعمال کرنا چاہئے۔ اسے بدعنوانی کے کسی معاملے میں بالاتر رکھنا چاہئے۔ اس کا ذریعہ چاہے کچھ بھی ہو۔ (۳) اداریہ

نویس کو یہ نہیں مان لینا چاہئے کہ وہ کبھی غلط ہو ہی نہیں سکتا۔ اس لئے اپنے اختیارات کے مطابق ان لوگوں کی آواز اٹھانی چاہئے جو اس سے متعلق نہ ہو۔(۴) اداریہ نگاری میں دستیاب اطلاعات کی بنیاد پر خود کے نتائج کا برابر جائزہ لیتا رہے۔ اگر اسے ایسا لگے کہ اس کا نتیجہ سابقہ غلط تصورات پر مبنی ہے تو اس میں ترمیم کرنے میں اسے بالکل جھجک نہیں ہونی چاہئے۔ (۵) اداریہ نگار کو چاہئے کہ وہ اپنے معاونین کی پیشہ وارانہ ایمانداری کے اعلی ترین معیارات کے تئیں ان کے اعتماد میں انہیں پورا تعاون دے کیونکہ اداریہ نگار کی ساکھ اس کے معاونین کی ساکھ ہے اور معاونین کی ساکھ اداریہ نگار کی ساکھ ہے۔(۷) اداریہ نگار کے پاس پختہ خیال اور جمہوری فلسفہ زندگی کی جرات ہونی چاہئے۔ اسے کبھی کوئی ایسا مضمون نہیں تحریر یا شائع نہیں کرنا چاہئے (۷) ایک اچھا اور موزوں اداریہ تین حصوں پر مشتمل ہوتا ہے۔ پہلے حصے میں موضوع یا مسئلہ کو بیان کیا جاتا ہے۔ دوسرے میں اس کا تجزیہ ہوتا ہے اور تیسرے میں مسلہ کا حل پیش کیا جاتا ہے۔

اداریہ میں ۵۰۰ سے ایک ہزار الفاظ تک ہوتے ہیں۔ اس کے علاوہ روزنامہ ہفتہ وار، پندرہ روزہ اور رسالے کے اداریہ میں فرق ہوتا ہے۔ جبکہ رسالے کا اداریہ پرانے مسائل کو اٹھاتا ہے۔ اداریہ کے اندر حق گوئی اور بے باکی کا عنصر نمایاں رہنا ضروری ہے۔ اداریہ میں حق گوئی اور بے باکی کا عنصر نمایاں رہنا ضروری ہے۔ بزدلی سے لکھے جانے والے اداریہ کمزور اور بے اثر ثابت ہوتے ہیں۔ اس لئے اردو اخبارات بے لاگ اداریوں کیلئے خاص طور سے مشہور ہیں۔ موجودہ دور میں علوم و فنون کا دائرہ وسیع ہے۔ تمام امور پر مہارت رکھنا شخصی واحد کیلئے مشکل

ہے۔ اس لئے نامور اخبارات میں اداریہ لکھنے کیلئے ماہرین کا عملہ ہوتا ہے۔ جس کو ایڈیٹوریل بورڈ کہتے ہیں۔ اس کا ہر رکن کسی نہ کسی مضمون کا ماہر ہوتا ہے اور روزانہ اخبار کے دفتر میں عام طور پر روزانہ ماہرین کے ساتھ ایڈیٹر کا تبادلہ خیال ہوتا ہے۔ جس میں موضوع کا حل اور اداریہ نگار کا انتخاب ہوتا ہے۔ جس سے موضوع پر کونسی پالیسی اپنائی جائے اس میں مدد ملتی ہے۔

انگریزی پریس میں پہلے صفحہ پر اداریہ شاذ و نادر اور بہت ہی غیر معمولی واقعہ پر دیا جاتا ہے۔ لیکن یوروپی ممالک میں یہ بہت عام ہے۔ خاص طور پر اٹلی اور فرانس میں ایک قومی اور بین الاقوامی حالات پر جبکہ دوسرا مقامی مسائل اور واقعات پر ہوتا ہے دیگر زبانوں کے اخبارات کے اداریوں میں بڑا موضوعاتی تنوع پایا جاتا ہے۔ اس کے مقابلے میں اردو اخبارات کے اداریوں پر نظر ڈالے تو بڑی مایوسی ہوتی ہے اردو اخبارات کے اداریوں سے مسائل مشرقی وسطی اور اردو کو نکال دیا جائے تو کچھ بچتا نہیں ہے۔ لیکن یہ بھی سچائی ہے کہ دیگر زبانوں کے اخبارات کے متعصبانہ رویہ کی وجہ سے ان امور پر اردو اخبارات کے اداریہ کافی معلوماتی اور بے لاگ ہوتے ہیں۔ اردو اخبارات میں اداریوں کے موضوعات کے انتخاب اور دیگر امور میں تنگ دامنی کیلئے زیادہ تر ایڈیٹروں کو نہ تو مورد الزام ٹھہرایا جاسکتا ہے اور نہ ہی ان کی صلاحیت پر سوالیہ نشان لگایا جاسکتا ہے۔ جو طبقہ اردو اخبارات خرید کر پڑھتا ہے اس کی ذہنیت کے مطابق وہ اداریوں کے موضوعات کا انتخاب کرتے ہیں۔ اردو اخباروں میں عام طور پر اداریہ مضمون کالم، فیچر وغیرہ میں فرق نہیں کیا جاتا۔ ایسا نہیں ہے کہ اردو کے تمام صحافی ان کے اصولوں سے ناواقف ہیں بلکہ

سب سے بڑی وجہ یہ ہے کہ مالکان اچھی تنخواہ پر باصلاحیت صحافی نہیں رکھتے۔ ان کی نظر کام چلاؤ پر ہوتی ہے۔ ورنہ جہاں اچھا سرمایہ لگا کر باصلاحیت صحافیوں کو رکھا گیا ہے۔ وہاں اخبار اور اداریہ کا معیار بلند ہوتا ہے۔ دیگر اخباروں اور اردو اخباروں کی تربیت و سہولیات میں بہت زیادہ فرق ہوتا ہے۔ زیادہ تر اردو اخباروں کے مدیروں کی تنخواہ اتنی بھی نہیں ہوتی۔ جتنی دوسری زبانوں جیسے انگریزی اخبار کے اٹنڈر کی ہوتی ہے۔ اخباروں سے مقابلہ کرنے میں اردو اخباروں کے مالکان شرم محسوس نہیں کرتے ہیں اور ایک المیہ یہ بھی ہے کہ اردو اخباروں میں ادارتی صفحہ کو کمتر اور معمولی سمجھا جاتا ہے۔ اسے کسی ایسے کمزور صحافی یا صرف آپریٹر کے حوالے کر دیا جاتا ہے۔ جس کا مقصد کسی طرح صفحہ سیاہ کرنا ہوتا ہے۔ دسری زبانوں کے ا خبارات میں اس صفحہ کو غیر معمولی اہمیت حاصل ہوتی ہے۔ کیونکہ یہ افکار اور نظریات پر مشتمل ہوتا ہے۔ وہاں اس کا خیال رکھا جاتا ہے کیا شائع کیا جاتا ہے کیا نہیں۔ اس صفحہ کو ایڈیٹر، نائب ایڈیٹر اور جوائنٹ ایڈیٹر درجہ کا صحافی دیکھتا ہے۔ اس کی اہمیت اس بات سے لگائی جاسکتی ہے کہ New York Times کے ادارتی صفحہ کا الگ ایڈیٹر ہوتا ہے اور وہ براہ راست اس کے ناشر کو جواب دہ ہوتا ہے۔ انگریزی اخبارات میں اتنی وسعت آگئی ہے کہ مختلف افکار و نظریات اور پہلوؤں پر مبنی تجزیاتی مواد کو اتنی اہمیت دی جاتی ہے کہ اس کیلئے ذاتی صفحہ کے سامنے ایک اور صفحہ کا اضافہ کر دیا جاتا ہے۔ جس کو Editional Of Opposite کہا جاتا ہے۔ اس میں باہر کے اخبار کے اندر کے قلمکار، کالم نگار اور مضامین کے ماہرین آزادانہ طور سے اپنے خیالات کا اظہار کرتے ہیں اور حالات و

واقعات کا تجزیہ کرتے ہیں۔ نیو یارک ٹائمز میں کالم نگاروں کی اپنی ٹیم ہوتی ہے۔ بلکہ برطانیہ میں غیر دستخطی شدہ کالم یعنی اداریہ کو Loading Article کے نام سے جانا جاتا ہے۔ جبکہ آسٹریلیائی اور بڑے امریکی اخباروں جیسے نیو یارک ٹائمز اور بوسٹن گلوب میں ادارے کو Openion سے موسوم کیا جاتا ہے۔ صنعتی مقابلہ آرائی تو اداریہ کی تعریف ہی بدل کر رکھ رہی ہے۔ مدیر کی اصل فکر اور تخلیقات کے بجائے انتظامیہ کی بازار پر مبنی سوچ غالب آنے لگتی ہے۔ بچن سنگھ کے الفاظ کے مطابق اخبارات ورسائل اپنے قارئین کی تعلیم و تربیت کرنے کا طاقتور ذریعہ نہیں سونے کا انڈا دینے والی مرغیاں بنتے جارہے ہیں۔ آج کل مدیران کا سب سے بڑا مسئلہ اپنے مالکوں کو خوش رکھنے کا ہے۔ کئی ایسے اہم واقعات رونما ہوئے ہیں جس میں کا نامی گرامی مدیروں کو اپنے عہدوں سے صرف اس لئے برطرف کردیا گیا کہ انہوں نے اخبار کے مالکان کی پالیسی کی خلاف ورزی کرتے ہوئے اپنے خیالات کا اظہار کیا تھا۔ اداریہ میں عصری حالات کے رخ موڑنے کی بے پناہ صلاحیت ہوتی ہے۔ یہ ایک آئینہ ہی نہیں بلکہ ایک تیز ہتھیار بھی ثابت ہوسکتا ہے۔ تاریخ گواہ ہے کہ اداریوں کی وجہ سے کئی حکومتیں تہہ وبالا ہوئی ہیں اور زندگی کے کئی شعبوں میں انقلاب آیا ہے۔

صحافت کی قدیم روایات کے مطابق اخبار کا اداریہ نگار عوام کے ضمیر کا پاسبان سمجھا جاتا رہا ہے۔ اچھے اور برے کی تمیز کی جانب اشارہ دینا اداریہ نگار کا اخلاقی فریضہ ہے اور اداریہ نگار کسی بات کی حمایت کرتا ہے تو اطمینان بخش ثبوت اور دلائل کے ساتھ اور اسی طرح کسی بات کی کھل کر مخالفت کرتا ہے۔

اداریہ نگار ثناخواں ہو یا جنگجو اس کا ہر فعل ایک دانشورانہ فعل سمجھا جاتا ہے۔ اقدار کی حفاظت کرنا وہ اپنی اخلاقی پابندی تصور کرتا ہے۔ کبھی وہ مذہبی پیشواء کی طرح تلقین کرتا ہے اور کبھی قانون دان یا ائینی علوم کے باہر کی طرح معاملہ بنیادی اہمیت کی تشریح کرتا ہے۔ اداریہ کی سرخی بہتر اور صحافیانہ تحریر کی طرح ابتدائیہ جملے کافی دلکش ہوں اور عام شاہدہ ہے کہ بہت کم قارئین اداریہ پڑھتے ہیں اور کچھ قارئین ایسے ہیں جو اداریہ پڑھے بغیر چین نہیں لیتے۔ جن میں تعلیم یافتہ لوگ ادارے پڑھنے کے عادی ہوتے ہیں۔

ہندوستان میں آج بھی اداریہ کافی طویل ہوتے ہیں۔ بلکہ مغربی ممالک میں مختصر اداریوں کا رواج عام ہوتا جارہا ہے۔ اس کیلئے موضوع کا انتخاب بھی ایک اہم مرحلہ ہے۔ آج تک کسی ماہر نے یہ ہدایت نہیں دی ہے کہ اداریہ کا ایک ادبی شاہکار ہونا ضروری ہے۔ اس کا عین مقصد بھی خبر کی تشریح اور کسی معاملہ کی وکالت ہے۔ دوسروں کی مدد اور تعاون کئے بغیر کوئی ادارہ دنیا میں سرخرو نہیں ہوسکتا۔ حکومتوں کی جانب سے قوانین بنتے ہیں۔ مذہبی پیشوا، اخلاقی تعلیم کے اصول واضح کرتے رہتے ہیں۔ تعلیمی اداروں کے ذریعہ علم و عمل کی ہدایات جاری ہوتی رہتی ہیں۔

اخبارات ایسے متعدد اداروں سے تعاون کرتے ہیں اور زندگی کی قدروں کی سرپرستی کرتے ہیں۔ اداریہ اخبار کا آلہ ہے۔ جس کے صحیح استعمال سے حیات کے ہر شعبہ کی نگرانی، حمایت اور تعاون ممکن ہے۔ اداریہ ہیت "ہم" "ہماری رائے" ہمارے خیال میں جیسے الفاظ کا استعمال کرتا ہے یہ کسی شخص کا تحریر کردہ ہو یا عملہ

اداریہ کے متعدد صحافیوں کی کاوش کا نتیجہ ہو۔ وہاں لفظ ہم، ہی درج ہو گا۔ اسے صحافتی اصطلاح میں ایڈیٹوریل وی Editorial We کہتے ہیں اداریہ کو کبھی انفرادی طور پر شائع نہیں کیا گیا ہے۔

***

۸

مکاتیب قاضی عبدالودود

سرورالہدیٰ

قاضی عبدالودود کی تحقیق کا امتیاز یہ بھی ہے کہ ان کے یہاں کسی موضوع کے تعلق سے معلومات کی وسعت پائی جاتی ہے۔ تحقیق میں ایسے لوگ ہوئے ہیں جنھوں نے ذاتی نسخے اور ذاتی لائبریری پر زیاہ اعتماد کیا۔ یہ روش سہل پسندی کے سوا اور کچھ نہیں اسی لیے ایسے لوگ قاضی عبدالودود کی طرف اول تو دیکھتے ہی نہیں اور اگر دیکھتے بھی ہیں تو خوف کے ساتھ۔ خوف کی ایک مثال یہ بھی ہے کہ بعض لوگ تحقیق کے نئے طریقۂ کار کا حوالہ دے کر کہتے ہیں کہ حواشی اور تعلیقات میں اصل متن کھو جاتا ہے۔ اصل میں جب تحقیق کرنے والا کسی انا یا عقیدت کے سبب کوئی پناہ گاہ تلاش کرلیتا ہے تو پھر علمی و ادبی معاملات میں محرومیاں ہی مقدر ہو جاتی ہیں۔ قاضی عبدالودود کے یہ خطوط ان کی تحقیقی حسیت کا نمونہ ہیں۔ ان خطوط میں ایک متجسس ذہن جس طرح فعال ہے اس کی مثال کم سے کم خطوط میں کسی اور کے یہاں نہیں ملتی۔ ان خطوط سے قاضی عبدالودود کے عہد کی علمی اور تحقیقی سرگرمیاں نظر کے سامنے آجاتی ہیں۔ اگر قاضی عبدالودود کی تحریروں میں حواشی

اور تعلیقات کی کثرت ہے تو ظاہر ہے یہ سب 'آتے ہیں غیب سے یہ مضامین خیال میں 'کہ زمرے میں تو نہیں آتا۔ ایک ایک حوالے کی تلاش، پیش کش اور پھر اخذ نتائج آسان نہیں۔ اس ذمہ داری سے وہی اسکالر عہدہ بر آ ہو سکتا ہے جو اپنی ذاتی لائبریری پر بھروسہ نہ کرتا ہو۔ ان خطوط سے واضح ہے کہ قاضی عبدالودود کے نزدیک کتب خانوں کا تصور ذاتی کتب خانہ نہیں تھا۔ جس اسکالر کے مزاج میں ایسا علمی اور تحقیقی جوش و خروش ہو، اور جو متعدد زبانوں پر قادر ہو وہ کیوں کر کسی سے مرعوب ہو گا۔ ماخذ کے تعلق سے وہ انتخابی نہیں تھے کہیں سے کوئی سراغ مل جائے تو وہاں تک پہنچنے میں ان کے کوئی چیز مانع نہیں تھی۔

کتابوں، حوالوں اور مخطوطات کے تعلق سے ان کی الجھنیں آخر وقت تک قائم رہیں۔ اس کی وجہ یہ ہے کہ کوئی تحقیق ان کی نگاہ میں حرف آخر نہیں تھی۔ یہ خطوط اسی تحقیقی اضطراب کا پتہ دیتی ہیں۔ قاضی عبدالودود کی تحقیقات پر سوالات بھی قائم کیے گئے عموماً یہ کہا جاتا ہے کہ انھوں نے تحقیق پر کوئی باضابطہ کتاب نہیں لکھی۔ کسی بڑے شاعر کا دیوان مرتب نہیں کیا۔ دوسروں کی کمزوریوں پر روشنی ڈالتے رہے۔ ان اعتراضات کا حق ادب کے کسی بھی قاری کو حاصل ہے۔ لہٰذا قاضی عبدالودود نے بھی انھیں کبھی اتنی اہمیت نہیں دی کہ ان کے بنیادی موقف پر کوئی اثر پڑتا۔ قاضی عبدالودود کو بھی اس بات کا بخوبی علم تھا کہ جن شعرا کے دواوین انھوں نے مرتب کیے وہ میر و سودا اور غالب کی سطح کے شاعر نہیں ہیں۔ ایک قاری کے طور پر مجھے محسوس ہوتا ہے کہ قاضی عبدالودود نے معترضین کو اس لیے اہمیت نہیں دی کہ وہ یہ سمجھتے تھے کہ ان کے یہاں ضد اور تعصب ہے۔

انھوں نے اپنے کسی خط میں یوں تو کسی کو کم عقل قرار نہیں دیا لیکن ان کے طرز اظہار سے پتہ چلتا ہے کہ وہ بہت سے لوگوں کی کم عقلی کے قائل تھے۔ قاضی عبدالودود کا علمی اور تحقیقی اعتماد باہر سے نہیں آیا تھا بلکہ انھوں نے مطالعے کی وسعت اور محنت شاقہ کے ذریعے تحصیل کیا تھا۔ قاضی عبدالودود جیسی ذہانت اردو کے دوسرے محققین کو کم ہی حاصل ہوئی تھی۔ انھوں نے جتنے سوالات اور مقدمات قائم کیے ان کی بنیاد محض مطالعہ نہیں ہو سکتا تھا بلکہ ذہانت مطالعہ کو جہاں تک پہنچا دیتی ہے اسی کا نام قاضی عبدالودود کی تحقیق ہے۔ ناصر عباس نیّر نے اپنے ایک مضمون "اردو تحقیق کے پیراڈائم" میں لکھا ہے:

"قاضی عبدالودود کی یہ رائے اسی تناظر میں ہے کہ ہر بات یکساں اہمیت نہیں رکھتی لیکن بات اہم ہو یا غیر اہم محقق کو حق تحقیق ادا کرنا چاہیے۔" دوسرے لفظوں میں اردو تحقیق کی نظر میں چوں کہ حقیقت ایک کلی سچائی کے تصور کی حامل ہے اس لیے ہماری روایت کا کوئی جز قدری و کیفیتی سطح پر کم تر نہیں ہے۔ وہ ہماری روایت تاریخ کے کسی نہ کسی رخنے کو پر کرتا ہے ضروری نہیں کہ یہ رخنہ محقق کو نظر آرہا ہو۔ ممکن ہے کہ یہ رخنہ مستقبل کے محقق، مورخ یا نقاد کو دکھائی دے۔ پس محقق مستقبل شناس ہو نہ ہو مستقبل بیں ضرور ہو۔"

ناصر عباس نیر نے ایک ایسے اقتباس کا انتخاب کیا ہے جس سے قاضی عبدالودود کے ان کے تحقیقی طریقۂ کار پر بھرپور روشنی پڑتی ہے۔ انھوں نے اقتباس کی جس طرح تشریح و تعبیر کی ہے وہ بھی قابل تحسین ہے۔ سچ تو یہ ہے کہ قاضی عبدالودود کے اس مختصر اقتباس اور اس کے تجزیے سے قاضی عبدالودود کی تحقیق کا

بنیادی موقف سامنے آجاتا ہے۔ اس موقف کو بعض ناقدین نے اضافی موقف کا نام دیا ہے۔ ناصر عباس نیر نے جس سیاق میں قاضی عبد الودود کا اقتباس درج کیا اس کی تفصیل میں جانے کا یہ موقع نہیں۔ البتہ اتنا کہنا ضروری ہے کہ اردو کی تحقیقی روایت نے اپنے طریقۂ کار میں کبھی کسی تبدیلی کی ضرورت محسوس نہیں کی۔ یہاں مختلف متون کی تلاش، ترتیب اور پیش کش کا ایک ہی طریقہ اختیار کیا گیا حقیقت کو جامد شکل میں دیکھنے کی کوشش کی گئی۔ اہم اور غیر اہم مواد کے درمیان تمیز نہیں کی وغیرہ وغیرہ۔ قاضی عبد الودود کے ان خطوط سے بھی حقیقت کو ایک کلی سچائی کے طور پر دیکھنے کا رویہ سامنے آتا ہے۔ کلی سچائی کا مطلب کسی متن یا تحقیق کے تعلق سے وابستہ مختلف پہلوؤں کو جاننا اور سمجھنا اور انھیں متن کے بالمقابل کھڑا کرنا ہے۔ ایک معنی میں یہ غیر اہم معلومات کسی متن کا ذیلی حصہ معلوم ہوتے ہیں جو فاصلے پر کھڑے ہو کر اپنے مقدر پر روتے تو نہیں مگر حیرت زدہ ضرور نظر آتے ہوں گے۔ اس لیے کہ ایک محقق کی یہ کیسی علمی دیوانگی ہے جو حاشیے پر پڑے حوالوں کو اتنا اعتبار بخشتی ہے۔ قاضی عبد الودود نے جزئیات، تفصیلات اور مضافات کی طرف جس طرح توجہ دی ہے اور اس تعلق سے جس نکتہ رسی اور تحمل کا ثبوت پیش کیا وہ کوئی خوش گوار عمل تو ہے نہیں۔ ایک معنی میں تحقیق کے گمنام اور اندھیرے علاقوں کی طرف جانا خود کو مشکل میں ڈالنا ہے۔ اداسی کا تعلق تو ان ہی ویران علاقوں سے ہے جہاں عموماً محقق کی نگاہ پہنچتی نہیں۔ قاضی عبد الودود کی تحقیق کے مضافات کو دیکھ کر شہریار کا شعر یاد آتا ہے ؎

جدھر اندھیرا ہے تنہائی ہے اداسی ہے

سفر کی میں نے وہی سمت کیوں مقرر کی

اس سوال کا جواب قاضی عبدالودود کے زیر نظر مکاتیب میں تلاش کیا جاسکتا ہے۔ ناصر عباس نیر نے رخنے کو پر کرنے کی بات لکھی ہے۔ بے شک قاضی عبدالودود کے تحقیقی حوالوں سے رخنے پر ہوتے رہیں گے لیکن اصل بات یہ ہے کہ قاضی عبدالودود کی تحقیق نے رخنے پر کرنے کے ساتھ رخنے پیدا بھی بہت کیے ہیں۔ ان ہی رخنوں کی وجہ سے ان کی تحقیق اردو کی تحقیقی روایت کو صدمہ پہنچاتی ہے اسے کسی مرکز پر ٹھہرنے کا موقع نہیں دیتی۔ قاضی عبدالودود نے اپنے تحقیقی رویوں سے تراشیدہ تحقیقی روایت کو جس طرح متزلزل کیا مجموعی طور پر اس کی کوئی دوسری مثال نہیں ملتی۔ اس عمل میں انھوں نے ایک سے زیادہ طریقۂ تحقیق اور طریقۂ استدلال کو استعمال کیا۔ یوں تو قاضی عبدالودود کے تحقیقی طریقۂ کار میں حقیقت کو دیکھنے کا ایک جامد تصور ہے پھر بھی اس تک پہنچنے کے راستے انھوں نے ایک سے زیادہ اختیار کیے۔ اس کا یہ مطلب نہیں کہ انھوں نے ادبی مسئلے یا ادبی موضوع کے تعلق سے بندھے ٹکے اصول کو ہی رہنما بنایا اور نئی راہ کی تلاش ان کے مسلک تحقیق کے منافی تھی۔ آل احمد سرور کو لکھتے ہیں: "میں نے عزیزی اختر مسعود کو لکھا تھا کہ مسعود صاحب نے میر کے لطائف پر جو مضمون لکھا تھا وہ مجھے دو تین دن کے لیے بھیج دیں۔ مگر اس کا جواب آج تک نہیں آیا۔ یہ لطائف ذکر میر کے آخر میں ہے۔ مگر ڈاکٹر عبدالحق کے شائع کردہ نسخے سے خارج ہیں۔ ذکر میر پر مضمون لکھنے کے لیے ان لطائف سے واقفیت ضروری ہے۔"

"میں اس مسئلے پر کہ کلیات سودا کے مطبوعہ نسخے میں سوز کا کلام کس مقدار

میں داخل ہو گیا ہے ایک مضمون لکھنا چاہتا ہوں مگر ابھی اس کا آغاز نہیں ہوا۔ بہت سا عمدہ کلام جو عام طور پر سودا کا سمجھا جاتا ہے دراصل سوز کا ہے۔"" جہانِ غالب صرف ان اصحاب کے لیے نہیں جنھوں نے غالب پر تحقیقی مضامین لکھے ہیں غالب کے معاصر اور قریب العصر لوگوں میں سب کا ذکر ہو گا۔ بعد کے لوگوں میں انتخاب سے کام لوں گا۔ اس لیے کہ لکھنے والے بہت ہیں اور بیشتر ایسے ہیں کہ نہ انھیں تحقیق سے سروکار ہے نہ تنقید سے۔ اگر نقاد نظر انداز کیے جائیں تو 'جہان غالب' کا نام ہی بدلنا پڑے گا۔"" میری طبیعت علی گڑھ آنے کے بعد سے خراب رہی اور اب تک کچھ شکایتیں باقی ہیں۔ ایسی حالت میں میں کوئی ایسا کام جس میں بہت سی کتابوں سے مدد لینے کی ضرورت ہے نہیں کر سکتا تھا۔"

سید محمد حسنین کو لکھتے ہیں :

"مرزا محمد فدوی دہلوی تخمیناً (۱۱۵۰ تا ۱۲۱۰) سن عیسوی اردو کے بڑے شاعروں میں نہیں لیکن ان کی اہمیت دو وجہوں سے ہے: ایک تو یہ کہ ان کے طویل قیام پٹنہ کی وجہ سے یہاں کے شعرا ان سے متاثر ہوئے ہیں۔ چنانچہ عظیم آباد کے بزرگ ترین اردو شاعر راسخ ان ہی کے شاگرد تھے۔ دوسری یہ کہ ان کے دیوان کا مطالعہ لسانی نقطۂ نظر سے مفید ہے۔

ان چند اقتباسات سے قاضی عبد الودود کا تحقیقی موقف سامنے آجاتا ہے۔ میر کے لطائف کو دیکھنے کی خواہش، میر سوز کے کلام کو عمدہ قرار دینا، غالب کے معاصرین میں امتیاز نہ کرتے ہوئے سب کو یکساں اہمیت دینا، جہان غالب کے عنوان کو تنقید اور تحقیق دونوں کے لیے مناسب بتانا، کسی تحقیقی مضمون کے لیے

بہت سی کتابوں کو دیکھنے کی خواہش، فدوی کو بڑے شاعروں کی صف میں نہ رکھنے کے باوجود اس کے کلام کو عظیم آباد کی ادبی روایت کے سیاق میں اور لسانی نقطۂ نظر سے اہم بتانا۔ یہ تمام باتیں تحقیق کو بندھے ٹکے اصولوں سے بلند کرنے کے ساتھ تحقیق کو تنقید سے ہم آہنگ دیکھنے کا پتہ دیتی ہیں۔ فدوی کے کلام کو لسانی نقطۂ نظر سے دیکھنے کا مشورہ دراصل تحقیق کی اگلی منزل ہے۔ جو متن کی دریافت کے بعد آتی ہے۔ اسی نقطۂ نظر سے قاضی عبدالودود نے جوشش کے دیوان کو مرتب کیا ہے۔

قاضی عبدالودود کی کتابوں کو پڑھنا نہ صرف ادب کے نئے طالبین بلکہ مخصوص قارئین کے لیے بھی دشوار طلب کام رہا ہے۔ اول تو کتابوں میں مضامین کو اسی طرح شامل کیا گیا جس طرح وہ رسالوں میں شائع ہوئے تھے۔ چنانچہ ایک ہی کتاب میں مختلف مضامین مختلف طریقۂ تحریر کے ساتھ مل جاتے ہیں۔ لیکن جسے قاضی عبدالودود کو پڑھنا ہے وہ تو بہر حال پڑھے گا۔ لیکن یہ کہنے میں کوئی مضائقہ نہیں کہ اگر ان کی تحریروں اور کتابوں کی اشاعت کا بہتر انتظام کیا جاتا تو ان سے مکالمے کی صورت اور سطح کچھ مختلف ہوتی۔ اس لحاظ سے دیکھا جائے تو مکاتیب قاضی عبدالودود کی اشاعت اس خواہش کی تکمیل کی اولین صورت ہے کہ قاضی عبدالودود کی تحریروں کو بہتر شکل میں شائع ہونا چاہیے۔

ریسرچ کی دنیا میں آنے کے بعد جس محقق کا نام میں نے احترام اور خوف کے ساتھ سنا وہ قاضی عبدالودود کا نام ہے۔ چند سال قبل قاضی عبدالودود کے کچھ خطوط میرے مطالعے میں آئے اور یہ خواہش پیدا ہوئی کہ انھیں یکجا کر کے کتابی شکل میں شائع کیا جائے۔ معلوم ہوا کہ مختار الدین احمد آرزو قاضی عبدالودود کے خطوط کو

یکجا کر رہے ہیں۔ وقت گزرتا رہا، اس درمیان مختار الدین احمد آرزو رحلت فرما گئے۔ ایک ملاقات میں پروفیسر ظفر احمد صدیقی سے میں نے دریافت کیا کہ آرزو صاحب یہ کام کر رہے تھے آپ کو اس بارے میں کچھ معلوم ہے؟ تو ان کا جواب تھا یقیناً وہ قاضی صاحب کے خطوط جمع کر رہے تھے مگر وہ کام کس مرحلے میں ہے معلوم نہیں۔ اب وہ ہمارے درمیان بھی نہیں ہیں اس لیے اس کی طرف توجہ دینے کی ضرورت ہے۔ اسی عرصے میں محضر رضا کا (شعبۂ اردو، جامعہ ملیہ اسلامیہ) پی ایچ ڈی میں داخلہ ہو گیا ایک موقع پر میں نے ان کو قاضی عبدالودود کے مکاتیب یکجا کرنے کا مشورہ دیا۔ وہ پوری تندہی اور لگن کے ساتھ اس کام میں لگ گئے۔ ابتدا میں اندازہ نہیں تھا کہ ادب کا ایک نیا طالب علم اردو کے ایک بڑے محقق کے خطوط کو اس محنت اور دلجمعی کے ساتھ یکجا کرے گا۔ یہ کام انھوں نے میری زیر نگرانی ضرور کیا ہے لیکن اصل چیز تو ان کی محنت اور کاوش ہی ہے۔ ادب کے ایک نئے طالب علم کا پرانی کتابوں اور تحریروں میں دلچسپی ایک واقعہ نہ سہی ایک ایسا امتیاز ضرور ہے جس کی مثال خال خال ہی ملتی ہے۔ معاصر ادبی مسائل میں تلاش کا مسئلہ اس طرح درپیش نہیں آتا۔ اس کے قدردان بھی آسانی سے مل جاتے ہیں۔ کلاسیکی موضوعات کے قدردان اور ان کے شناسا کم ہوتے جاتے ہیں اس سیاق میں محضر رضا کا تحقیقی ذہن ایک امید جگاتا ہے۔ مرحلۂ شوق کی یہ منزل اتنی آسان نہیں تھی لیکن انھوں نے مکاتیب قاضی عبدالودود کی تلاش، قرأت اور ترتیب کے وسیلے سے اپنی اتنی تربیت کرلی ہے کہ اگر انھوں نے اس کو مزید جلا دی تو آیندہ کے تحقیقی مراحل سے بھی وہ سرخ روئی کے ساتھ گزر سکتے ہیں۔ مکاتیب قاضی

عبدالودود کی اشاعت میرے خواب کی تعبیر بھی ہے۔ انھوں نے حواشی اور تعلیقات کے سلسلے میں جس تلاش اور توجہ کا ثبوت فراہم کیا اور مجموعی طور پر مکاتیب کو جس توجہ سے پڑھا ہے میں اس کے لیے انھیں مبارک باد پیش کرتا ہوں۔ اکبر الہٰ آبادی نے سر سید جیسی عظیم شخصیت کے لیے کہا تھا۔

ہماری باتیں ہی باتیں ہیں سید کام کرتا ہے

لیکن یہ بات ہمارے لیے بھی حوصلہ افزا ہے۔

***

۹

ادبی صحافت کی بقاء و ترقی

ڈاکٹر محمد ناظم علی

اردو زبان کے فروغ و ترقی میں اور اس کی ترویج و اشاعت میں ادبی رسائل وجرائد کا کلیدی رول رہا ہے اور روزناموں و اخبارات نے بھی اردو زبان و ادب کو فروغ عطا کیا، ان کے علاوہ اردو زبان و ادب کو فروغ تخلیقی اعتبار سے بھی ہوا، مختلف ادیبوں وشعراء نے نہ صرف زبان کے گیسو سنوارے بلکہ ادب کو ترقی عطا کی ہے۔ زبان و ادب کی تحریکات اور انجمنوں نے بھی اردو کی آبیاری کی ہے۔ بہر حال اردو امیر خسرو سے لے کر آج تک قائم دائم ہے اور رواں دواں ہے۔ اردو صحافت کی نوعیت کچھ بھی ہو علمی، مذہبی، سیاسی، تہذیبی، ثقافتی ہو لیکن ادبی صحافت کی عظمت واہمیت اپنی جگہ ہے۔ زبان و ادب کی بقاء کیلئے اخبارات ورسائل کا ہونا ناگزیر ہے، ان وسیلہ سے اردو کی ہمہ جہت ترقی ہوتی ہے۔ اردو کے اخبارات اور ادبی رسائل نے زبان وادب کو نئی سمت وڈگر عطا کئے ہیں۔ اب جب اردو زبان کو سیکھنے پڑھنے والوں کی تعداد کم ہوتی جارہی ہے تو کیسے اردو اخبارات ورسائل کی بقاء ہوگی۔

آزادی سے قبل برصغیر میں اردو رسائل کا بول بالا تھا۔ کئی بڑے شہر ادبی

رسائل کے مراکز تھے۔ ان میں کراچی، لاہور، رام پور، دلی، لکھنو، بھوپال، کشمیر، حیدرآباد، اورنگ آباد، پٹنہ، الہ آباد وغیرہ ان شہروں سے بے شمار ادبی علمی رسائل نکلا کرتے تھے اور قارئین بھی ذوق وشوق سے پڑھتے تھے۔ رسالہ چھپنے کی تھوڑی ہی دیر میں تمام کی نکاسی ہو جاتی تھی۔ اردو کے ادبی رسائل کے تعلق سے اب ویسی کشش دھن کیوں نہیں ہے۔ اردو کے بڑے ادبی رسائل جو اب ناپید ہو چکے ہیں، ان کا دوبارہ احیاء کیسے ہو۔ کئی ایک معیاری رسائل دم توڑ چکے ہیں۔ ان کے مسدود و موقف ہونے کے کئی ایک وجوہات میں اصل وجہ مالی حالت ہے۔ کئی ایک معیاری ادبی رسائل مالی مشکلات کی وجہ سے بند ہو گئے یا ادبی صحافی کے انتقال کے بعد ان کی اولاد وراثتاً جاری نہ رکھ سکی۔ کیسے رکھتی، صحافیوں نے اور ادیبوں نے اپنی اولاد کی اردو میں تربیت ہی نہیں کی ہے۔ کئی ایسے صحافی اور ادیب شاعر اساتذہ ہیں جنہوں نے اپنی اولاد کو اردو سے آراستہ پیراستہ نہیں کیا۔ اگر کرتے ہوتے تو ان کی علمی ادبی وراثت کو جاری رکھا جاتا۔ ہم نے غفلت لاپرواہی برتی۔ اردو سے غفلت کا نتیجہ ہے کہ آج اردو کے ادبی رسائل ایک ایک کر کے بند ہو رہے ہیں۔ اردو کا دانشور طبقہ خاموش ہے۔ ہونی کو کیا کرتے سہہ کر خاموش بیٹھ جاتے ہیں۔

اردو کے ادبی رسائل زبان و ادب کو نئی فکر، نیا رجحان، نیا مواد، جدت و ندارت پر مبنی مشمولات عطا کرتے ہیں۔ ان کا مواد بہتے پانی کے مانند ہوتا ہے جو صاف و شفاف بھی ہوتا ہے۔ اردو کے ادبی رسائل ہمیشہ سے زبان و ادب میں نئی چیز کو پیش کرتے رہے اور ناول داستان اور افسانہ لکھنے کا محرک بھی ادبی رسائل رہے ہیں۔ تادم تحریر اردو کے ادبی رسائل کی دنیا سونی پڑی ہوئی ہے۔ پہلے زمانے

میں اردو والے اردو کے اخبارات و رسائل اور کتابوں سے ذوق و شوق کے حد تک دلچسپی رکھتے تھے اور ماحول میں پڑھنے کی عادت سی ہوگئی تھی۔ لوگ ناول، افسانے، پاکٹ سائز ناول کتابیں اور اخبارات و ادبی رسائل اپنے ساتھ رکھتے تھے۔ اُس دور کی زندگی کا لازمہ تھا ہر فرد کے ہاں کوئی کتاب یا میگزین ضرور ہوا کرتا تھا لیکن آج کل لوگوں کے ہاتھوں میں انٹرنیٹ اور کمپیوٹر آگیا ہے اس لئے کتابیں اور رسائل خریدنے کا رواج کم ہوگیا ہے جو رسائل نکل رہے ہیں وہ بھی باقاعدہ نہیں ہے بہر حال اردو کے ادبی رسائل جو نکل رہے ہیں، وہ آکسیجن پر ہے، اگر یہ آکسیجن بند ہو جائے تو ادبی رسائل کی دنیا فوت ہو جائے گی اور ایسا عمل زبان و ادب کیلئے خسارہ کے سواء کچھ نہیں۔ دوسری اہم بات یہ ہے کہ زمانہ بدل گیا ہے، لوگوں کی ترجیحات بدل گئی ہیں۔ عالم گیریت اور عالمی سطح پر تبدیلیوں نے لوگوں کی طرز فکر کو متاثر کیا ہے۔ اب ہر چیز معاشرہ سماج کے فوری فائدے کے لئے ہوتی ہے، صارف صارفیت کا ماحول پر دور دورہ ہے، ادبی رسائل معاشرہ کیلئے کس حد تک فائدہ مند ہیں اور سماجی مطالبات تقاضوں کو پورا کر رہے ہیں۔ ان نکات پر غور کرنا ہوگا۔ وہی رسالہ زندہ رہتا ہے جو زمانے کے تقاضوں سے ہم آہنگ ہو اور عصری ٹکنالوجی، انٹرنیٹ کمپیوٹر سے مربوط ہو۔ ادبی رسائل کی بقاء و ترقی کیلئے ہمارے دانشوروں کو لائحہ عمل طئے کرنا ہوگا۔ منصوبے بنائیں کہ کس طرح ان کو زندہ آباد رکھا جاسکتا ہے۔

پروفیسر ارتضا کریم مدیر ماہنامہ اردو دنیا ماہ جون ۲۰۱۶ء ہماری بات اداریہ میں ادبی رسائل کے بارے میں کہتے ہیں کہ ادبی رسائل کی عمومی راہ وروش کچھ ایسی ہے کہ وہ کچھ ایسے مسائل میں الجھے ہوئے ہیں جن کی موجودہ عہد میں کوئی معنونیت

نہیں ہے۔ اب نئے عہد کے تقاضے تبدیل ہو چکے ہیں اس لئے لازمی ہے کہ ان مسائل پر خاص طور پر رسائل کو مرکوز کیا جائے جو ہماری موجودہ معاشرت ثقافت اور سیاست سے متعلق ہو اور جس سے معاشرتی ترقیات کی تصویر سامنے آتی ہو۔ مغرب میں بھی تخلیق اور تحقیق کا منہج تبدیل ہوا ہے اور یہ تبدیلی خوش گوار ہے کہ وہ ان مسائل پر مرکوز ہے جن کا انسانی زندگی سے بنیادی رشتہ ہے۔ پرانے زمانے کے کچھ رسائل انسانی زندگی کے تمام تر معاملات اور مسائل پر محیط ہوا کرتے تھے۔ سائنسی سماجی اور تاریخی علوم پر بیش قیمت تحریریں شائع ہوتی تھیں، ان رسائل میں ایک طرح کا تنوع تھا جس میں مختلف ذہنی سطح کے قارئین کے ذوق کی تسکین کا سامان موجود تھا۔ اب ادبی رسائل کو اپنا انداز نظر تبدیل کرنا چاہیے۔ یہ تبدیلی وقت اور معاشرہ کی ضرورت ہے۔ یعنی اردو کے ادبی رسائل اپنا چولہ بدلے اور بدلتے زمانے کے تقاضوں سے ہم آہنگ ہو جاتے اور سماج اور معاشرہ جو چاہتا ہے اسے پیش کرتے، ادبی نظریات مباحث کے علاوہ عام قاری کے جذبات کو ملحوظ رکھے یعنی رسالے کو تمام قسم کے علوم و فنون کا منبع و مرکز بنائیں لیکن ادبی رسائل کا ہمیشہ جو مسئلہ تھا وہی مالی بحران ہے۔ کئی ایک رسائل مالی و معاشی کسمپرسی کی وجہ سے بند ہو گئے ہیں۔ ان پر بھی غور کرنے کی ضرورت ہے۔ اب جو رسائل ادارہ، ٹرسٹ، تنظیموں کی جانب سے شائع ہو رہے ہیں، ان کی بھی بکری یا نکاسی نہیں ہو رہی ہے۔ میری یہ تجویز کہ جتنے اردو کی روٹی کھانے والے ہیں، ان کو ایک رسالہ خریدنے کی تاکید و نصیحت کی جائے یا متعلقہ محکمہ کے اعلیٰ افسروں سے ہدایات جاری کی جائیں۔ محکمہ تعلیم میں سرکاری اسکول سے لیکر جامعات تک سب کو رسائل

خریدنے کیلئے احکامات جاری کئے جائیں۔ ایسے عمل میں اردو زبان و ادب اور ادب رسائل کی بقاء ہوگی۔ بہر حال جو ادبی رسائل جاری ہیں، ان کو بچانا ضروری ہے۔ جناب جمیل نظام آبادی مدیر ماہنامہ گونج میں ادارۂ اردو کی ادبی صحافت سے اردو والوں کی غفلت صفحہ ۲ پر یوں رقم طراز اردو کی ادبی صحافت نے اردو زبان کی ترقی و ترویج میں بڑا اہم حصہ ادا کیا ہے۔ آزادی کے بعد سے ملک میں ایسے کئی اہم اور معیاری ادبی رسالے شائع ہوتے رہے جن سے ادبی صحافت کو نہ صرف اہم مقام ملا تھا بلکہ ان رسالوں میں شائع مضامین نظم نثر کو اردو والے بڑی اہمیت سے دیکھتے اور ان کی قدر کرتے تھے۔ اردو والوں کو ہر ماہ ان رسائل و جرائد کا انتظار رہتا تھا لیکن الیکٹرانک میڈیا کے فروغ کے بعد اور خاص طور پر کمپیوٹر اور ٹی وی کے عام ہونے کے بعد سے آہستہ آہستہ اردو کے پرنٹ میڈیا کو زوال کا شکار ہونا پڑا اور آہستہ آہستہ کئی مشہور معیاری اور اہم رسائل و جرائد بند ہوتے گئے اور اب انٹرنیٹ کے فروغ فیس بک کے عام ہونے کے بعد اردو کے رہے سہے رسائل بھی اردو والوں اور خاص طور پر اردو کے قلم کاروں کی غفلت اور لاپرواہی کا شکار ہونے لگے۔

یہ صرف گونج کی آواز نہیں ہے۔ ہندوستان سے نکلنے والے بڑے سے بڑے چھوٹے سے چھوٹے رسائل و جرائد کی پکار ہے۔ سب رسائل ان حالات سے گزر رہے ہیں۔ ماہنامہ شاعر کا انجام بھی یہی ہو گیا ہے اور دیگر رسائل بھی اردو والوں کی غفلت اور لاپرواہی کا شکار ہو گئے ہیں۔ ان باتوں پر اردو کے دانشوروں کو غور کرنا چاہئے۔ خدانخواستہ اگر کل جو ادبی رسائل نکل رہے ہیں تو ان کا انجام بھی اگر یہی ہو گیا تو اردو کبھی اردو والوں کو معاف نہیں کرے گی۔ اردو کے ادبی رسائل کی بقاء

ترقی ہو سکتی ہے۔ بشرطیکہ اردو والے صدق دل سے ان رسائل کا ساتھ دیں اور نہ صرف ریاست بلکہ پورے ہندوستان میں جیسے اردو اسکول، کالجس جامعات ہیں ان کے سربراہ اور صدور بجٹ منظور کروا کر منگواتے ہیں تو رسائل زندہ رہ سکتے ہیں۔ آج وقت کی ضرورت ہے کہ اردو کے ادبی رسائل کو اردو کا تعاون لازمی طور پر ہونا ضروری ہے۔ اردو کے ادبی رسائل کا موقوف ہونا اردو تہذیب و تمدن اقدار کا خاتمہ ہے اسلئے اردو زبان کو زندہ پائندہ رکھنے کیلئے اردو اخبارات اردو کے ادبی رسائل کو زندہ رکھنا ہر اردو والے کا فرض بنتا ہے۔

اردو ہے جس کا نام ہمیں جانتے ہیں داغ
سارے جہاں میں دھوم ہماری زباں کی ہے

***

۱۰

اردو کی کہاوتیں:

زبان و ادب میں کہاوتوں کی اہمیت

حبیب محمد بن عبداللہ رفیع المرغنی

ہمارے محاورے اور ہماری کہاوتیں زمانے کی تیز رفتار ترقی کے باوجود آج بھی محفوظ ہیں جو اُن کی عظمت کا نمایاں ثبوت ہے۔

زبان و ادب میں کہاوتوں کی اہمیت مسلم ہے، اُن میں ہر دلعزیز بذلہ سنجی کا جوہر، عام پسند دانش مندی کا خزانہ اور انسانی تجربات کا گوہر یکتا پنہاں ہے۔ یہ کہاوتیں سینہ بہ سینہ اور پھر کتابوں کے ذریعے ایک نسل سے دوسری نسل تک پہنچتی رہی ہیں۔ یہ کہاوتیں انسان کی نسلی تاریخ کی اُس منزل پر وجود میں آئیں جہاں عوامی گیتوں کو جنم ملا، ان کا رشتہ پہیلیوں اور دانسوں سے ملتا ہے۔ دنیا کی تمام زبانوں میں کہاوتوں کا بہت کچھ سرمایہ موجود ہے۔ خصوصاً انگریزی زبان میں کہاوتوں کی خاص اہمیت رہی ہے۔ سولھویں صدی اور سترھویں صدی میں ادب اور خطابت میں کہاوتوں کا استعمال انتہائی بلندی پر تھا۔ چناں چہ ملکہ الزبتھ کے عہدِ

حکومت میں ایک مقرر نے دارالعوام میں اپنی پوری تقریر صرف کہاوتوں میں کر ڈالی تھی۔ اس دور میں کہاوتوں کو کتابوں میں محفوظ رکھنے کا کام بھی نہایت اہتمام سے کیا گیا۔ ۱۶۳۵ء کے ایک انگریزی ایڈیشن میں چار ہزار سے زیادہ یونانی اور لاطینی کہاوتیں جمع کی گئیں۔ اس کے بعد نامور اہل قلم مختلف زبانوں کی کہاوتوں پر کتابیں مرتب کرتے رہے ہیں۔

کہاوت کی تخلیق کی صحیح تاریخ اور اصل مصنف کا نام بتانا تو مشکل ہے لیکن عام خیال یہی ہے کہ اس کی ابتداء پیغمبر اور سلطانِ جہاں "سلیمانؑ" سے ہوئی۔ عہد نامۂ عتیق میں "کتاب امثال" ثبوت کے طور پر پیش کی جاتی ہے۔ اگرچہ بعض عالموں کے نزدیک اس میں تمام کہاوتیں پیغمبر سلیمانؑ کی نہیں ہیں۔

کہاوتوں کی خصوصیت اور افادیت پر نظر کیجئے تو خوشی اور حیرت کے ساتھ یہ بھی ماننا پڑتا ہے کہ وہ زبان و ادب میں پھول کی مہک، نزاکت، رنگ اور تازگی کا مقام رکھتی ہیں۔ ان میں قومی خصوصیات کے اشارے ہیں۔ تمدن کی جھلک ہے اور مختلف تاریخی عہد نظر کے سامنے آجاتے ہیں۔ بہت سی کہاوتیں قانونی نوعیت کی ہیں اگر وہ آئین اور ضابطے اب منسوخ ہو چکے ہیں۔ بعض کہاوتوں سے قدیم رسم و رواج کا پتہ چلتا ہے۔ ان سے طبی مشوروں نیز موسم سے متعلق عقیدوں کی جانکاری ہوتی ہے۔ کہاوتوں میں توہّمات بھی رچ بس گئے ہیں۔ بعض شاعروں نے متروکات کی طویل فہرستیں شائع کی ہیں لیکن یہ بات قابل توجہ ہے کہ کہاوتوں نے متروک الفاظ کو محفوظ رکھا ہے۔

غور کیجئے تو کہاوتیں اب کو بیجا لمبی لمبی تشریحوں سے بچا کر کفایت وقت، ایجاز

اور تاثیر کا فیض پہنچاتی ہیں۔ ان کا نمایاں وصف صاف گوئی ہے جس طرح آئین کی نظر میں ادنا اور اعلیٰ کا امتیاز باقی نہیں رہتا اسی طرح کہاوت کی نگاہ میں تمام انسانی طبقات برابری کا درجہ رکھتے ہیں۔ کہاوت میں شخصیت پرستی نہیں ہوتی، یہاں خوبیوں اور خامیوں کو خلوص اور انصاف کے ساتھ پیش کیا جاتا ہے۔ تمام انسانی طبقات کی نادانی اور دانشوری کا علم سچائی کے ساتھ قاری تک پہنچتا ہے۔ کہاوت جس فرد کو نشانہ بناتی ہے اس کو چھلنی کر دیتی ہے۔ اسی گہرے تاثر اور خلوص کی بناء پر کہاوتوں کو قبول عام کی سند ملی ہے اور ان کی اہمیت برقرار ہے۔

کہاوتوں کے مواد میں اتحاد، قومی یکجہتی اور انسان دوستی کی فضا جلوہ گر ہے۔ دنیا کی مختلف زبانوں کی کہاوتوں کے مطالعے سے اس بات کی سچائی کا ثبوت مل جائے گا۔ ہم سب جانتے ہیں کہ اُردو ہندی کے بیشتر محاوروں اور تمام تر کہاوتوں میں قدرِ مشترک پائی جاتی ہے۔ اس سلسلے میں ایک مثال ملاحظہ فرمایئے: اردو، ہندی: انگھیر نگری چوپٹ راجا، ٹکے سیر بھائی ٹکے سیر کھاجا۔

پنجابی: انھی نگری بید ادراجا

فارسی: وزیرے چُنیں، شہر یارے چُناں

انگریزی : Such as the priest so is the clerk۔

مختصر یہ کہ کہاوتیں انسان کی سچی ہمدرد ہیں۔ وہ زندگی کے نشیب و فراز میں مشعل ہدایت بنتی ہیں۔

جس طرح شعر و شاعری میں صنائع و بدائع، تراکیب و بندش، تشبیہات و استعارات، الفاظ کی نشست و برخواست وغیرہ لطف زبان و بیان، معنی آفرینی، اثر

پذیری، چاشنی اور چٹخارے کے لئے استعمال کئے جاتے ہیں اسی طرح نثر میں کہاوتیں، ضرب الامثال اور محاورے بھی مستعمل ہیں۔ اس کا یہ مطلب ہر گز نہیں ہے کہ منظومات میں ان کا استعمال نہیں ہوتا ہے۔ منظومات (خصوصاً قصائد، ہجویات، مثنوی، مراثی، شہر آشوب، واسوخت وغیرہ) میں ان کا استعمال عام ہے۔ فی زمانہ ان اصناف سخن کی جانب لوگوں کی توجہ نہ ہونے کے برابر ہے چنانچہ کہاوتیں اور ضرب الامثال وغیرہ آج کی منظومات میں خال خال ہی نظر آتے ہیں۔ یہ دَور غزل کا دَور ہے اور غزل اپنے رنگ و آہنگ، زبان و بیان، موضوعات اور انداز سخن کی وجہ سے کہاوتوں اور ضرب الامثال کے لئے زرخیز میدان فراہم نہیں کرتی ہے۔ جدید غزل تو اس معاملہ میں کچھ زیادہ ہی بے نیاز ثابت ہوئی ہے کہ پرانی روایات سے اس کو بہت کم علاقہ ہے۔ البتہ محاورہ ایسی چیز ہے جس کے بغیر زبان و بیان کا تصور مشکل ہے۔ بغیر محاوروں کی بیساکھی کے کوئی زبان دو قدم بھی نہیں چل سکتی۔ چنانچہ کیا نثر اور کیا نظم اُردو ادب بھی محاوروں کی دولت سے مالامال ہے۔

پرانے زمانہ میں کہاوتیں اور ضرب الامثال بہت مقبول تھیں اور عام بول چال کے علاوہ ہمارے ادب کا بھی ایک اہم حصہ ہوا کرتی تھیں۔ لوگوں کی روزمرہ کی زندگی سیدھی سادی تھی، آج کل کی طرح سامان آسائش میسر نہیں تھے اور نہ ہی ضروریات زندگی بہت زیادہ یا پیچیدہ تھیں۔ لوگ اپنی تہذیبی، سماجی و لسانی روایات و زَمین سے بہت قریب ہوا کرتے تھے اور انہیں اپنی خاندانی روایات اور معاشرتی اقدار کا بھی بہت خیال رہتا تھا۔ آج کی طرح جدیدیت کی وَبا اُس وقت تک اِس بُری طرح نہیں پھیلی تھی اور لوگوں کو رشتوں کی قدر و قیمت، چھوٹوں کی

عزت، بزرگوں کا احترام، اقربا کی حرمت، زبان و بیان کے آداب اور آپس کے روابط و مراسم کی پاسداری کا شدت سے احساس تھا۔ اب سے چند سال قبل تک اُردو ادب (خصوصاً سماجی منظومات، مثنویوں، افسانوں، انشائیوں، ناولوں اور خاکوں) میں جا بجا کہاوتوں اور ضرب الامثال کا دلفریب اور ماہرانہ استعمال نظر آتا تھا۔ یہ عبارت میں صرف زیبِ داستاں کے لئے ہی استعمال نہیں ہوتی تھیں بلکہ ان سے بات میں زور، لطف اور چٹخارہ بھی پیدا کیا جاتا تھا۔ نیز ان کے ذریعہ تحریر کی معنویت اور اثر پذیری میں نمایاں اضافہ بھی ہوتا تھا۔ اب اول تو ایسی کہانیاں اور افسانے ہی کم نظر آتے ہیں جو ہمارے معاشرہ کی قدیم روایتوں سے وابستہ ہوں اور دوم یہ کہ اس مشینی دور میں جب جدیدیت نے ترقی پسندی کے نام پر چاروں طرف اپنے جھنڈے گاڑ رکھے ہیں بھلا کہاوتوں کی جانب متوجہ ہونے کی کس کو فرصت یا فکر ہے؟ اب نہ وہ لوگ باقی ہیں اور نہ وہ باتیں ۔

زمینِ چمن گل کھلاتی ہے کیا کیا
بدلتا ہے رنگ آسماں کیسے کیسے

اس مرحلہ پر محاورہ، کہاوت اور ضرب المثل کی تعریف، ان کی مختصر تشریح اور ان کے مابین فرق و امتیاز کی وضاحت ضروری معلوم ہوتی ہے۔ عام طور پر محاورہ اور کہاوت کا فرق تو کم و بیش لوگوں پر ظاہر ہے لیکن ضرب المثل اور کہاوت کے درمیان فرق و تفاوت اکثر لوگوں کے ذہن میں کچھ مبہم سا ہے۔ محاورہ الفاظ کے ایسے مجموعے کو کہتے ہیں جس کے الفاظ کی ترتیبِ معین ہوتی ہے اور شکل یا ہیئت مقرر۔ محاورہ کا استعمال نظم اور نثر دونوں میں نہایت عام ہے اور ان کے بغیر زبان و

بیان کی فصاحت و بلاغت کا تصور ممکن نہیں ہے۔ محاورہ تحریر کی معنویت بڑھاتا ہے اور اس میں چاشنی، نکھار اور جاذبیت پیدا کرتا ہے۔ یہ بڑے سے بڑے مضامین کو چند الفاظ کے مختصر کوزے میں بند کرنے کا کردار ادا کرتا ہے اور عام تحریر و تقریر کو ادب لطیف کے مقام پر فائز کرتا ہے۔ محاوروں کی ترتیبِ الفاظ یا شکل میں تصرف عام طور پر ان کے آہنگ و اثر پذیری کو نسبتاً کم یا ختم کر دیتا ہے اور اکثر محاورہ کے حق میں سم قاتل ثابت ہوتا ہے۔ مثال کے طور پر "عقل کے ناخن لینا" ہوش میں آنے یا سمجھ سے کام لینے کے معنی میں لکھا جاتا ہے۔ اس کو بدل کر اگر "ہوش کے ناخن کترنا" لکھا جائے تو یہ بے معنی، غلط اور ٹکسال باہر ہو جائے گا۔

محاورے کا استعمال زبان میں استعاراتی انداز سے ہوتا ہے یعنی محاورے کے الفاظ اپنے لغوی معنی سے ہٹ کر کسی اور ہی مضمون یا حقیقت کی جانب اشارہ کرتے ہیں۔ دوسرے الفاظ میں یہ کہہ سکتے ہیں کہ محاورے کے الفاظ اکثر مجازی معنوں میں استعمال ہوتے ہیں۔ مثلاً "پاؤں توڑ کے بیٹھ جانا" مایوس ہو جانا، ہمت ہار جانا، کوشش نہ کرنا کے معنی میں لکھا جاتا ہے۔ ظاہر ہے کہ یہاں پاؤں توڑنا اپنے اصل معنی نہیں رکھتا ہے۔ اسی طرح "عقل کے گھوڑے دَوڑانا" (فکر تدبر کرنا، سوچ بچار کرنا) کو گھوڑے دوڑانے سے لغوی نسبت نہیں ہے۔ البتہ یہ بات قابل توجہ ہے کہ محاوروں کے الفاظ سے ان کے اصل معانی کا واضح اشارہ ملتا ہے جیسے پاؤں کا ٹوٹ جانا معذوری اور عقل کے گھوڑے دوڑانا سوچ کی تیز رفتاری پر دلالت کرتا ہے۔

محاورے عام طور پر مصدری حالت میں ہوتے ہیں یعنی ان سے کسی فعل کا صدور ظاہر ہوتا ہے۔ اُردو کے قاعدے کے مطابق اُس کے مصادر "نا" پر ختم

ہوتے ہیں (آنا، رونا، بکھرنا، رینگنا)۔ چناچہ اُردو کے تقریباً سبھی محاورے بھی "نا" پر ہی ختم ہوتے ہیں مثلاً آنکھیں دکھانا (غصہ کا اظہار کرنا)، آنکھیں لڑانا (عشق بازی)، سورج کو چراغ دکھانا (کسی بڑے شخص کی تعریف میں کسی چھوٹے شخص کا کچھ کہنا)، اللّے تللّے اُٹھانا (فضول خرچی) وغیرہ۔

ایک بات اور غور طلب ہے کہ محاورہ اپنے معنی بیان کرنے میں مکمل فقرہ یا جملہ نہیں ہوتا بلکہ اپنے مافی الضمیر کی تکمیل و ترسیل کے لئے کسی دوسری الحاقی عبارت یا جملے کا محتاج ہوتا ہے۔ مثال کے طور پر "ڈنڈے بجانا" آوارہ گردی یا بے کار مارے مارے پھرنے کے معنی میں استعمال ہوتا ہے۔ اس کا پورا مطلب بات کو کسی الحاقی عبارت سے پورا کرنے پر ہی ادا ہوتا ہے جیسے "فلاں شخص دن رات ڈنڈے بجایا کرتا ہے"۔

کہاوت عام طور پر کسی سبق آموز واقعہ کی جانب اشارہ کرتی ہے، پند و نصیحت کرتی ہے، انسانی فطرت و خصلت کی صورت گری دل نشیں اور بعض اوقات شوخ اور چٹخارہ دار زبان میں کرتی ہے یا انسانی زندگی کے حقائق سے پردہ اُٹھاتی ہے۔ یہ عین ممکن ہے کہ جس واقعہ، حادثہ، سانحہ یا تاریخی حکایت کی جانب کہاوت میں اشارہ کیا گیا ہو وہ گردش زمانہ سے اُڑائی ہوئی وقت کی دھول میں ایسا دَب گیا ہو کہ اس کا نام و نشان بھی باقی نہ رہا ہو۔ کہاوتوں کی اصل یا ماخذ معلوم کرنا کہ کس کہاوت نے کس طرح جنم لیا یا کون سا واقعہ اس کی نمود کا سبب ہوا مشکل ہی نہیں بلکہ اکثر نا ممکن ہوتا ہے۔ چنانچہ کسی سند یا دستاویزی ثبوت کی عدم موجودگی میں لوگوں نے اکثر کہاوتوں کے پیچھے قیاس سے فرضی قصے، حکایتیں یا واقعات گھڑ لئے ہیں۔ یہ

قصے من گھڑت ضرور ہیں لیکن کہاوت میں ان کا کردار کافی اہم ہے کیونکہ ایک تو یہ زیب داستان کا کام دیتے ہیں اور دوسرے ان کی مدد سے قاری ایک لمحہ کے لئے اس مصنوعی اور فرضی دُنیا میں پہنچ سکتا ہے جہاں سے کہاوت کا خمیر اٹھا ہے اور وہ اس ممکنہ صورت حال کو اپنی چشم تصور سے دیکھ سکتا ہے جس پر کہاوت مبنی ہو سکتی ہے۔

کہاوتیں اکثر اپنے لغوی یا لفظی معنوں سے ہٹ کر بھی اپنا مفہوم ادا کرتی ہیں یعنی ان کے الفاظ سے ایک بات ظاہر ہوتی ہے لیکن ان سے مقصود کچھ اور ہی ہوتا ہے۔ مثال کے طور پر " آدھا تیتر، آدھا بٹیر " ایک کہاوت ہے جو بظاہر کسی جانی پہچانی چیز کی جانب اشارہ نہیں کر رہی ہے کیونکہ ایسا کوئی پرندہ ہے ہی نہیں جو آدھا تیتر اور آدھا بٹیر ہو۔ اس کہاوت سے دراصل ایسا آدمی مقصود ہے جو ہر لمحہ رنگ بدلتا ہو اور اپنی خصلت میں ڈانواڈول یا غیر معتبر ہو۔ یہ خصوصیت کہاوتوں کی دل پذیری کا ایک نہایت اہم اور خوشنما پہلو ہے۔ اس طرح کہاوتیں زبان کی وسعت اور معنویت میں خوبصورت اضافہ کرتی ہیں، بیان میں نکھار، چٹخارہ اور تیکھا پن پیدا کرتی ہیں اور چند الفاظ میں بڑی سے بڑی بات کہہ جاتی ہیں۔ یہ حقیقت اظہر من الشمس ہے کہ اُردو کئی زبانوں کے اجتماع اور باہمی ربط وضبط سے وجود میں آئی ہے۔ ساتھ ہی اس نے مقامی زبانوں اور بولیوں سے بھی گہرے اور ہمہ گیر اثرات قبول کئے ہیں۔ چنانچہ اُس میں علاقائی اور مقامی زبانوں اور بولیوں کی کہاوتیں بھی ملتی ہیں، شستہ اور ثقہ اُردو بھی دکھائی دیتی ہے اور عربی و فارسی سے مستعار لی ہوئی کہاوتیں بھی ضرب الامثال کی شکل میں نظر آتی ہیں۔ اس طرح کہاوتیں اُردو کی اُن گہری لسانی، تہذیبی، ثقافتی، ادبی اور معاشرتی روایات کی پاسدار رہیں جو اس کے خمیر

کا جزو لاینفک ہیں۔ کہاوتیں عام طور سے ایک مکمل اور جامع بیان یا فقرہ کی شکل میں ہوتی ہیں اور مصدری حالت میں شاذ و نادر ہی نظر آتی ہیں۔ وہ اپنے مطلب کی ادائیگی میں کسی الحاقی جملہ یا عبارت کی محتاج نہیں ہوتی ہیں بلکہ متعلقہ عبارت میں معنویت اور نکھار پیدا کرتی ہیں۔ مثال کے طور پر "شروعات ہی غلط ہوئی" کے بجائے اگر یہ کہا جائے کہ "بسم اللہ ہی غلط ہوئی" تو بات کا مزا ہی بدل جاتا ہے۔ کہاوتیں مصرعوں یا شعروں کی شکل میں بھی ہو سکتی ہیں جب کہ محاورے کبھی اس صورت میں نہیں ہوتے۔ ایسے مصرعے یا شعر ضرب الامثال کہلاتے ہیں۔ کہاوتوں اور ضرب الامثال کو متبادل یا ایک ہی چیز تصور کیا جاتا ہے لیکن یہ صحیح نہیں ہے۔ کہاوتیں اپنے لب ولہجہ، انداز فکر و بیان اور مضامین میں عوامی ہوتی ہیں کیونکہ عوام ہی ان کی نمود و پرداخت کے ذمہ دار ہیں۔ بہت سی کہاوتیں دیہاتوں کی زندگی کی عکاسی کرتی ہیں اور وہیں کی زبان میں ہوتی بھی ہیں۔ گویا کہاوتوں کا تعلق معاشرہ کی کم تعلیم یافتہ آبادی سے ہوتا ہے۔ مثال کے طور پر یہ کہاوتیں دیکھئے "گھی بنائے سالنا، بڑی بہو کا نام۔۔۔ کام کا نہ کاج کا، دُشمن اناج کا۔۔۔ناچ نہ آئے آنگن ٹیڑھا۔۔۔ ماروں گھٹنا پھوٹے آنکھ۔۔۔ جاٹ مراتب جانئے جب تیرھویں ہو جائے۔۔۔ بھُس میں ڈال چنگاری جمالو دور کھڑی۔" صاف ظاہر ہے کہ ایسی کہاوتوں کا خمیر عوام کا مرہون منت ہے۔ وہی ایسی باتیں کرسکتے ہیں اور جن واقعات یا باتوں کی جانب کہاوتوں میں اشارہ ہے وہ انھیں کی زندگی میں پیش بھی آتے ہیں۔

***

۱۱

اردو نثر اور ابتدائی قلمکاروں کی کاوشیں

شیخ نفیسہ بیگم غلام جیلانی

آج سے تقریباً آٹھ یا نو سو سال پہلے جو تاریخی حالات تھے۔ ان میں نئے تصورات اور ان کے زیر اثر جو تاثرات بن رہے تھے اور ہمارے ماحول کا بدلتا ہوا رنگ ڈھنگ اور نئے حالات سے متاثر ذہن جس طرح کام کر رہے تھے، ان کا اثر آپسی تعلقات کے علاوہ رہن سہن، آداب زندگی اور بات چیت کے طریقے سلیقے پر بھی مرتب ہو رہا تھا۔ ہندوستان کے شمال مغربی علاقے کے لوگ سپاہیوں، تاجروں، کاریگروں اور کارگزاروں کے روپ میں دہلی اور اس کے قرب و جوار میں آ آکر بس رہے تھے اور اس علاقے میں رہن سہن اختیار کرنے پر یہاں کے رسوم و آداب اور لب و لہجے اور نفسیات کو بھی اپنا رہے تھے۔

دہلی میں ہم حضرت امیر خسرو کی شخصیت کو اگر سامنے رکھیں تو یہ سمجھ میں آجائے گا کہ آنے والے اور یہاں آکر بس جانے والوں میں تاریخی اور تہذیبی طور پر تبدیلیاں آئیں۔ آنے والے اگر واپس گئے تو یہاں کی زندگی ذہن اور تہذیب کی کیا کیا باتیں ان کے ساتھ چل کر دہلی سے کابل، تاشقند ،بخارا، آذر

بائیجان اور مختلف ملکوں اور شہروں میں پہنچیں۔

اردو کی ابتدائی نشو و نما ابتداء پنجاب، ملتان اور لاہور جیسے تاریخی اور تہذیبی شہروں کے اس ماحول میں ہوئی جس نے اپنی تہذیب کی حدود کو ادھر سے ادھر تک پھیلا دیا تھا۔ مسعود سعد سلمان کی فارسی شاعری اس کے بہترین نمونے پیش کر سکتی ہے۔ ہندوی تخلیق سندیش راسک، جسکا تخلیق کار عبد مان یا عبد الرحمن ہے۔ اس کے بہت عمدہ نمونوں میں ہے۔ اس تصنیف سے پتہ چلتا ہے کہ عربی، فارسی الفاظ بدلی ہوئی شکل میں ہماری علاقائی زبانوں میں داخل ہوتے جا رہے ہیں اور اس طرح زبانوں کا قدیم انداز اور مزاج بدلتا جا رہا ہے۔ اور وہ نئے سانچوں میں ڈھل رہے ہیں۔ اگر ملتانی، لاہوری اور پھر دہلوی زبان کو سامنے رکھیں تو ان میں اردو کا ابتدائی رنگ اور لفظی آہنگ مل جائے گا۔

اردو کی نشو و نما میں دو اداروں کا اثر خاص طور پر کام کرتا ہوا نظر آتا ہے۔ ان میں ایک ادارہ خانقاہ ہے۔ جہاں صوفی معاشرہ ہر طرح کے لوگوں کی اخلاقی تربیت کرتا تھا۔ اور اس میں مذہب، ذات پات اور طبقات کا فرق حائل نہیں ہوتا تھا۔

اقبال نے ایک موقع پر یہ شعر کہا ہے:

بندہ و صاحب و محتاج و غنی ایک ہوئے
تری سرکار میں پہنچے تو سبھی ایک ہوئے
ایک ہی صف میں کھڑے ہو گئے محمود و ایاز
نہ کوئی بندہ رہا اور نہ کوئی بندہ نواز

یہ مسجدوں کا ہی نہیں خانقاہوں کا ماحول بھی تھا اور بڑی حد تک مدرسوں کا

ماحول بھی صوفیوں کے یہاں انسانوں میں تفریق اور تقسیم کی روایت نہیں ملتی۔ وہ توسب کو ایک سمجھتے تھے اب کوئی راجا ہو یا رنک ہو۔ سب ایک ہیں۔ اونچی ذات اور نیچی ذات ان کی نظر میں کوئی معنی نہیں رکھتی۔ سب کے ایک ساتھ اٹھنے بیٹھنے بولنے بات کرنے خوشیوں اور غموں میں شریک ہونے کا نتیجہ اور بڑا نتیجہ یہ ہوا کہ زبان میں ہر طبقے ہر خیال اور ہر سطح پر گزاری جانے والی زندگی کے عناصر گھل مل کر ایک ہو گئے۔

دہلی جس کو اس زمانے میں دہلو کہتے تھے۔ اس کا شہری ماحول گلیاں اور بازار تیج تہوار، اس سے ملے جلے کلچر کے چلتے پھرتے نقش پیش کرنے لگے۔ کبیر اس دور کے کچھ بعد کے عوامی شاعر ہیں۔ ان کا یہ دوہا اس دور کی تہذیبی زندگی کا پیش کرتا ہے۔

کبیر اکھڑا بازار میں مانگے سب کی خیر
نہ کاہو سے دوستی نہ کاہو سے بیر

اس کو ہم یہ کہہ سکتے ہیں کہ جب بیر نہیں ہوتا تو دوستی اپنائیت میں بدل جاتی ہے۔ اور یہی اپنائیت ہے جس کی طرف کبیر نے اشارہ کیا۔ اگر دیکھا جائے تو کبیر کا یہ دوہا اس کی طرف بھی اشارہ کر رہا ہے کہ اس وقت کی بول چال کی زبان کیا ہوگا۔ یا کیا ہونا چاہئے۔

خسرو درباری شاعر ہیں۔ مگر ان کا تعلق صرف سلاطین کے دربار ہی سے نہیں ہے۔ صوفیوں کی خانقاہوں سے بھی ہے اور ان گلیوں اور بازاروں سے بھی جہاں عام لوگوں کی زبان اور بولی ٹھولی سننے کو ملتی ہے۔ اس وقت غزلیں بھی رائج ہیں۔ گیت

بھی، چھولے بھی جس کو چوبولے بھی کہنا چاہئے اور خاص طور پر دوہے بھی۔ دوہا اور چھولہ دیہات اور قصبات کی زبان میں اب بھی رائج ہیں اور بہت مقبول ہیں۔ حضرت امیر خسرو کی شاعری میں دوہا، چوپائی اور عوامی گیتوں کے بہت سے رسیلے اور سجیلے نمونے ملتے ہیں۔ جن کے بول آج بھی کانوں میں رس گھولتے ہیں۔

حضرت محبوب الٰہی اور دوسرے میں صوفیوں درویشوں اور فقیروں کی درگاہوں اور خانقاہوں میں دوہے چوپائیاں اور پیار بھرے گیت اکثر گائے جاتے ہوں گے اس کا کچھ اندازہ اس امر سے بھی ہوتا ہیکہ آج بھی خانقاہوں میں قوالی اور گیتوں کی شاعری کی پیش کش کے وقت ایسے ہندوی اشعار پیش کئے جاتے ہیں جن کی زبان ہندوی اور اردو دونوں سے مختلف نظر آتی ہے۔ یہ دراصل اس دور زندگی کی یادگار ہیں یا بدلتے ہوئے رویوں اور روشوں کا عکس پیش کرتے ہیں جو زبان کے نشو و نما پانے کے دور میں ہمارے لب و لہجے نفسیات اور شعر و شعور کا حصہ رہے ہیں۔

عورتوں کے گیتوں میں اب بھی اس زمانے کے شعری نمونوں کی جھنکار مل جاتی ہے اور اس عقیدت کا پتہ چل جاتا ہے۔ جس کے جذبات کو اس زمانے کے دوہوں، چھولوں میں پیش کیا جاتا تھا:

میں توجھا جھن بجا آئی یار کی گلی میں
میں خوشیاں جگا آئی یار کی گلی میں

امیر خسرو کی بعض ہندوی غزلیں، اردو کے ابتدائی نشو و نما کے انداز اور اسلوب کو پیش کرتی ہیں اس سے ہم سمجھ سکتے ہیں کہ دہلی، لاہور، ملتان، گجرات اور دکن میں اردو کے پروان چڑھتے وقت، مقامی فضا اور تہذیبی ماحول کیا رہا ہے۔ اور

ایسے کسی ماحول کے نہ ہوتے کی صورت میں اردو جیسی ملی جلی زبان اور بولی ٹھولی ترقی پاکر خانقاہ اور دربار میں داخل ہو ہی نہیں سکتی۔

اردو کے ارتقاء کی تاریخ میں فورٹ ولیم کالج اپنی تصانیف کے لحاظ سے ایک نشان منزل کا درجہ رکھتا ہے۔ اس لئے کہ اس سے پہلے ہمارے یہاں نثر پر برائے نام ہی کچھ کام ہوا تھا۔ جیسے جدید اردو نثر کے پس منظر کی حیثیت سے پیش نظر رکھا جاسکتا ہے۔

جدید اردو نثر کا سلسلہ آغاز فورٹ ولیم کالج کی نثری تصانیف سے ہوتا ہے۔ اس سے پیشتر نثر کے جو نمونے ملتے ہیں، ان میں نثر اپنے اپنے زمانے کے صناعانہ رجحان سے زیادہ متاثر ہے۔ اس وقت میں اردو نثر زیادہ تر قصے کہانی کے لئے کام میں آتی ہے۔ کوئی علمی کام اس سے نہیں لیا جاتا ۔ فورٹ ولیم میں تاریخ، تہذیب اور روایت اور بڑی حد تک جغرافیہ جیسے موضوعات نثر نگاری کے لئے کام میں آئے تو اردو نثر کا تعلق علم و ادب سے نئے ذہنی رشتوں کے ساتھ قائم ہوا اور رفتہ رفتہ یہ سلسلہ آگے بڑھا اور اس میں نئی وسعتیں آئیں۔ اخبارات و رسائل کی اشاعت نے صورتحال کو بدلنے میں نمایاں طور پر حصہ لیا۔ اخبار و رسائل نئے موضوعات پر اپنے یہاں مضمون، مقالے اور خبر نامے شائع کرتے تھے۔ اور پڑھنے والوں کا دائرہ بھی اسی نسبت سے وسیع تھا اور ہوتا جاتا تھا۔ اس اعتبار سے جدید اردو نثر کی اشاعت و مقبولیت اور اثر و تاثر کے دائرے میں اضافے کے ساتھ ساتھ اردو نثر کے اسلوب فکر اور طرز ادا میں تبدیلی اور ترقی ہوئی۔ محض قصے کہانیاں کافی نہیں تھیں۔ ذہن کو بدلنے اور نئی فکری سطح پر لانے کے لئے نئی علمی معلومات اور فکر و نظر کے نئے

زاویوں سے واقفیت بھی ضروری تھی۔ وہی رفتہ رفتہ بڑھ رہی تھی۔ اور نثر کے اسلوب میں نئی جہتیں اور طرز ادا میں نئے زاویئے پیدا ہو رہے تھے۔

سرسید اس زمانے کے پہلے ایسے شخص ہیں جو اپنے عہد کی نثر کے نئے نئے نمونوں کو اپنی تحریروں میں بھی پیش کرتے ہیں اور اپنی تنقید و تبصرے میں بھی ۱۸۵۷ء کے غدر کے بعد عام لوگوں میں مایوسی پھیلی ہوئی تھی۔ سرسید اس مایوسی کو ختم کرنا اور طرز فکر کو بدلنا چاہتے تھے۔ اس کے لئے انہوں نے اور ان کے رفقا نے جن میں حالی، شبلی، نذیر احمد اور مولانا حسین آزاد بطور خاص شریک ہیں۔ اردو نثر میں قابل ذکر اور لائق تعریف کارنامے انجام دیئے۔ ان لوگوں نے اس وقت کے انداز فکر کو موضوع بنا کر جیسے ہم احساس محرومی اور مایوسانہ سوچ سے تعبیر کر سکتے ہیں بہت کچھ لکھا اور مختلف زاویوں سے اپنے عہد کی سوچ و فکر کو پرکھنے اور تعبیر و تنقید کی منزل سے گزارنے کی کوشش کی۔ ہم اس سلسلے میں سرسید کے ایسے مضامین کا حوالہ دے سکتے ہیں جس میں انہوں نے قوم کو احساس محرومی اور شکست کے ماحول سے باہر نکالنے کی کوشش کی۔

جدید اردو نثر کے سلسلے میں ہم غالب اور خاص طور پر ان کے خطوط کی اہمیت کو نظر انداز نہیں کر سکتے۔ جنھوں نے اردو نثر کو مقفع، مسجع عبارات سے آزاد کیا۔ آداب و القاب کے پرانے طریقوں کو بدلا، باغ و بہار میں سامنے آئی۔ اس کے بعد اردو نثر نے جو ترقیاں کیں ان کے نمونے غالب کے خطوط میں نئے انداز کے ساتھ سامنے آئے۔ غالب نے اپنے خطوط میں بے تکلف اور سادہ طرز اختیار کیا۔ غالب جس طرح اپنے دوستوں اور شاگردوں سے مسلسل اور بے تکلف گفتگو کرتے تھے

اور اس میں جو سادگی، سلاست، ظرافت اور طرز ادا کی ندرت ہوتی تھی اس کو اپنی نظیر آپ کہی جاسکتی ہے۔ اس طرح ہم کہہ سکتے ہیں کہ غالب نے اپنے خطوط میں اردو نثر کے ذریعے اردو ادب کو نئے اسلوب نگارش سے روشناس کرایا۔

جدید اردو نثر کی ترقی پر غالب کی سلاست و سادگی نے گہرے اثرات مرتب کئے اور وہ طرز تحریر جو دور سرسید کی خصوصیات میں داخل ہے، دراصل وہ غالب کی تحریر کا ہی عکس ہے۔ سرسید نے مایوسیوں میں گھری اپنی قوم میں زندگی کی نئی روح پھونکنے کی کوشش کی اور یہ کوشش کی کہ مسلمانوں میں نئے افکار اور نئے اقدار زندگی کا اثر و تاثر پھیلے۔ سرسید ایک عظیم تحریک کے بانی تھے۔ جس میں ان کے رفقاء بھی برابر کے شریک کار رہے ۔

مولانا محمد حسین آزاد پر ہمارے زمانے کے ایک نقاد نے یہ لکھا ہے کہ ان کی تاریخی تصنیفات میں بے شمار تاریخی غلطیاں ہیں ۔یہ فقرہ مولانا کے لئے بہت رواداری میں قلم بند کیا گیا۔ مولانا کی تصانیف میں دربار اکبری کے علاوہ باقی کسی بھی تصانیف کو ہم تاریخی تصانیف کے ذیل میں نہیں رکھ سکتے۔ اور پھر ان کی غلطیاں تاریخ سے متعلق اتنی نہیں ہیں جتنی ظاہر کی گئی ہیں۔

مولانا کی تحریروں میں دلکش انداز بیان اور شگفتہ عبارت آرائی آج بھی بے نظیر ہے۔ اردو میں تمثیل کا موجد مولانا کو ہی خیال کیا جاتا ہے۔ اور اس کے لئے ہم نیرنگ خیال کو بطور خاص پیش کرسکتے ہیں۔ آب حیات ان کی ایک تاریخی اور تنقیدی کتاب ہے جو اپنی خوبیوں کے اعتبار سے اپنی نظیر آپ ہے۔

مولانا حالی جدید نثر کے سب سے پہلے نثر نگار ہیں جنھوں نے اردو میں سنجیدہ

اور متوازن تنقید کی بنیاد ڈالی۔ اور شعر و شعور پر ایک جامع نقطۂ نظر پیش کیا۔ ہم کہہ سکتے ہیں کہ باقاعدہ سوانح نگاری کی ابتداء بھی حالی سے ہی ہوتی ہے۔ حیات جاوید اور حیات سعدی اس فن پر اردو کی پہلی دو منفرد کتابیں ہیں۔ حالی اردو ادب کے وہ پہلے نثر نگار ہیں جنھوں نے اردو ادب کو تنقیدات عالیہ کا ایک معیاری نمونہ دیا اور اس کی ایک سے زیادہ مثالیں پیش کیں۔

حالی کے اسلوب میں دھیما پن اور سادگی پائی جاتی ہے۔ ان کی سادگی کی خاص بات یہ ہے کہ اس میں بے رنگی نہیں۔ ان کی سادہ نگاری یوں تو عام فہم اور بول چال کے الفاظ سے عبارت ہے۔ لیکن الفاظ کی خوبصورتی بھی ان کے پیش نظر رہتی ہے۔ ان کا قلم بیانات کی کارگاہ میں نشیب و فراز سے دوچار نہیں ہوتا۔ بلکہ انکا آہستہ پن ہر جگہ برقرار رہتا ہے۔

شبلی نہ صرف یہ کہ ایک بڑے عالم اور ایک بڑے فلسفی تھے بلکہ ایک نیا زاویہ نگاہ رکھنے والے ادیب بھی تھے۔ علاوہ بریں وہ ایک بلند پایہ مورخ اور نقاد بھی تھے۔ انھوں نے بھی اردو نثر کو اپنی طرز ادا سے کچھ ایسے نمونے دیئے جو آج بھی قابل قدر اور لائق تحسین خیال کئے جاتے ہیں۔ شبلی کا اسلوب شگفتہ رواں متوازن اور علمیت سے پُر ہے۔ وہ اپنے اسلوب میں تاثر پیدا کرنے کے لئے شاعرانہ خوبیوں سے کام لیتے ہیں۔ شبلی کے یہاں انقلابی اور جوشیلے مواقع اکثر و بیشتر نظر آتے ہیں۔ ان موقعوں پر ان کا قلم خوب خوب جادو جگاتا ہے۔ شبلی اپنی تحریروں کے لحاظ سے اپنا ایک انفرادی رنگ رکھتے ہیں۔

نذیر احمد ایک عالم، تعلیم نسواں کے پُرزور حامی تھے۔ ان کی تصانیف میں یہ

موضوع بطور خاص ہمارے سامنے آتا ہے۔ نذیر احمد اردو کے پہلے ناول نگار ہیں۔ بحیثیت مجموعی ان کی زبان دلی کی ٹکسالی زبان ہے۔ اگرچہ اس پر عربی کے اثرات زیادہ ہیں۔ اور محاوروں سے ان کی دلچسپی کا انداز موقع بہ موقع اپنا اثر ڈالتا نظر آتا ہے۔

اسی دور نے لکھنؤ میں سرشار اور شرر جیسے اہل قلم پیدا کئے۔ شرر کا شمار بھی اردو کے اولین ناول نگار میں ہوتا ہے۔ ان کے اکثر ناول لکھنؤ کی بدلتی ہوئی تہذیبی فضا اور معاشرتی ماحول کی عکاسی کرتے ہیں۔ انکی تحریروں میں لکھنؤ کی مٹتی ہوئی تہذیب کی منہ بولتی تصویریں ہمیں ملتی ہیں۔ لکھنؤ کی زبان اور روزمرہ کی چاشنی سرشار کی تحریروں میں بطور خاص ملتی ہے۔ فسانہ آزاد کو ہم ان کی، ان کے دور کی اور لکھنوی تہذیب کی ایک نمائندہ تصنیف کہہ سکتے ہیں۔ اردو میں تاریخی ناول لکھنے کی روایت شرر سے شروع ہوتی ہے۔ وہ ایک اچھے ناول نگار ہی نہیں انشا پرداز بھی ہیں اور اردو ناول نگاری کی تاریخ میں ان کا ایک خاص مقام ہے۔

'مصور غم' راشد الخیری کا ادبی خطاب ہے۔ انھوں نے بھی اردو نثر کے سلسلے میں گراں قدر خدمات انجام دیں۔ پریم چند بھی اس ذیل میں آتے ہیں۔ اور خواجہ حسن نظامی بھی جن کا دور کچھ بعد کا دور ہے۔ مولانا ابوالکلام آزادی، مولوی عبدالحق، سجاد حیدر یلدرم، نیاز فتح پوری، آل احمد سرور، مجنوں گورکھپوری، قاضی عبدالستار، رشید احمد صدیقی اور فرحت اللہ بیگ جیسے انشار پردازوں نے اردو نثر کو نئے اسالیب سے آراستہ کیا ہے اور نئے سانچوں میں ڈھالا ہے۔

***

۱۲

اردو ادب پر عربی ادب کے اثرات

پروفیسر محسن عثمانی

ادب کا ایک خاص مفہوم ہوتا ہے جس سے مراد اعلیٰ درجہ کی فنکارانہ نثر اور اعلیٰ درجہ کی شاعری ہے، فکشن یعنی قصے اور ناول بھی اسی ذیل میں آتے ہیں۔ ادب کا ایک دوسرا عمومی مفہوم ہے جو جنرل لٹریچر کے مفہوم میں استعمال ہوتا ہے، جیسے حدیث کا لٹریچر ، تفسیر کا لٹریچر، اسلامیات کا لٹریچر، سائنس کا لٹریچر وغیرہ وغیرہ۔ اردو ادب اپنے دونوں مفہوم کے لحاظ سے عربی ادب سے متاثر ہے یعنی اردو ادب میں ادب کے عمومی مفہوم کے لحاظ سے بھی بہت کچھ مواد عربی ادب سے ماخوذ ہے اور ادب کے فنی مفہوم کے لحاظ سے بھی اردو ادب نے عربی ادب سے استفادہ کیا ہے۔ پہلے ہم ادب کے عمومی مفہوم کو لیتے ہیں تو ہمیں اندازہ ہوگا اردو زبان کا خزانۂ علمی عربی ادب کے زیر اثر علوم اسلامی سے مالا مال ہے۔ عربی زبان کے بعد اسلامیات پر کسی زبان میں اتنی کتابیں نہیں لکھی گئیں جتنی اردو ادب میں لکھی گئی ہیں۔ مثال کے طور پر تفسیر کا لٹریچر عربی ادبیات کے دائرے میں آتا ہے۔ بروکلمان نے جو عربی ادب کی تاریخ لکھی ہے اس میں بھی تفسیر و حدیث کی کتابیں

آئی ہیں۔ فواد سوز سکین نے جو تاریخ التراث العربی لکھی ہے اس میں بھی تفسیری لٹریچر اسلامیات کے لٹریچر وغیرہ کا تذکرہ ہے۔ اس سے ثابت یہ ہوا کہ اسلامی ادب کے عمومی مفہوم میں پورا اسلامیات کا لٹریچر آجاتا ہے۔ اس اعتبار سے اردو ادبیات کے خزانہ میں اسلامیات کا وہ سارا لٹریچر تقریباً موجود ہے جو عربی ادبیات کا بیش قیمت سرمایہ ہے۔

چونکہ ادب کے پھول زبان کے چمن میں کھلتے ہیں اسی لئے شعر و ادب سے پہلے اردو زبان پر عربی زبان کے کیا اثرات پڑے ہیں اس کی طرف بھی اشارہ کرنا ضروری ہے۔ جو لوگ اردو زبان کی تاریخ سے واقف ہیں انہیں علم ہے کہ اردو میں عربی اور فارسی دونوں کی بہت زیادہ آمیزش رہی ہے۔

کئی سو سال پہلے مسلمانوں کے عہد حکومت میں انتظامی کاموں کی زبان اور علمی کاموں کی زبان فارسی تھی۔ حکومت کے عملہ کا جب عوام سے ملنا جلنا ہوتا تھا تو وہ عوام کی زبان بولتے تھے جس میں فارسی الفاظ داخل ہوجاتے تھے اور چونکہ فارسی میں عربی کے الفاظ بہت کثرت سے داخل تھے اس لئے عربی کے الفاظ خود بخود عوامی زبان میں داخل ہوتے چلے گئے۔

علمائے دین کو بھی وعظ و تقریر کے لئے عوام کی زبان اختیار کرنی پڑتی تھی اور مذہبی گفتگو یا تقریر میں عربی زبان کے الفاظ کا استعمال بہت زیادہ ہوتا تھا اس لئے باقاعدہ ایک عوامی زبان کی بنیاد پڑتی چلی گئی، جس کا نام بعد میں اردو ہوگیا۔ فوج میں بھی عوام کو بھرتی کیا جاتا تھا اور فوج کا عوام سے ملنا بھی ہوتا تھا اس لئے اس نئی ترقی پذیر زبان کا نام اردو پڑ گیا جس کے معنی لشکر کے ہیں۔ یہ ملک کی سرکاری عالمانہ

زبان سے الگ زبان تھی جو بتدریج ترقی کرتی چلی گئی۔ عربی زبان کے الفاظ زیادہ تر فارسی زبان کے ذریعہ اس میں داخل ہوئے اور کچھ براہ راست بھی، اس لئے کہ عربی مسلمانوں کی مذہبی زبان تھی اور اسلامیات کا بہت بڑا خزانہ اس زبان میں موجود تھا۔ قرآن وحدیث کے پڑھنے اور سننے کے مبارک اثرات بھی اس زبان پر پڑے، اس لئے عربی کے الفاظ فارسی کے ذریعہ بھی داخل ہوئے اور کچھ براہ راست بھی داخل ہوئے۔ عربی زبان کے دینی اور ادبی قصے اس کی تلمیحات سب اردو میں داخل ہوگئی۔

مجنون ولیلی، موسی وعصائے موسی، حاتم طائی، حیدر کرار، کربلا وکوہ طور اور یوم النشور اور اس طرح کے سینکڑوں عربی الفاظ اردو زبان کا جز بن گئے۔ یہاں تک کہ اردو عبارتوں اور نظموں میں کبھی ۴۰ اور ۵۰ فیصد تک عربی الفاظ پائے جاتے ہیں۔ نمونے کے طور پر اقبال کے یہ اشعار دیکھئے :

تیرا جلال وجمال مرد خدا کی دلیل
وہ بھی جلیل وجمیل تو بھی جلیل وجمیل

تیری بنا پائدار تیرے ستون بے شمار
شام کے صحرا میں ہو جیسے ہجوم نخیل

تیرے درو بام پر وادی ایمن کا نور
تیرا منار بلند جلوہ گہِ جبرئیل

ان اشعار میں پچاس فیصد تک الفاظ عربی زبان کے ہیں

اردو شعر وادب اور تنقید پر عربی ادب کے اثرات کا جائزہ لینے سے پہلے اب

ہم یہاں کچھ اردو کے الفاظ کا تذکرہ بھی کرنا چاہتے ہیں جو اصلاً تو عربی زبان کے الفاظ ہیں لیکن وہ بھیس بدل کر کے اردو زبان و تہذیب میں گھل مل گئے ہیں۔ کسی چیز کی قیمت کے لئے جب ہم دام کا لفظ استعمال کرتے ہیں تو ہمارے حاشیہ خیال میں بھی یہ بات نہیں آتی کہ اس لفظ کا کوئی تعلق عربی زبان سے ہے۔ یہ لفظ دام اصل میں درہم ہے جو کبھی صرف مال اور قیمت کے مفہوم میں استعمال ہوتا ہے اور جب ہم یہ کہتے ہیں کہ "یہ اٹھائیس کیریٹ کا سونا ہے" تو ہمارا ذہن اتنا دقیقہ سنج اور نکتہ شناس نہیں ہوتا کہ عربی لفظ قیراط کی طرف منتقل ہو اسی طرح سونا کا سکہ اشرفی بھی عربی زبان کا لفظ ہے اور قدیم عربی کتابوں میں اس لفظ کا استعمال ملتا ہے۔

اور جب ہم خوان نعم پر بیٹھ کر فیرنی سے کام و دہن کو لذت یاب کرتے ہیں تو ہمارا ذہن ادھر منتقل نہیں ہوتا کہ عربی میں ایک لفظ الفرانی بھی ہے جسے گندھے ہوئے آٹے میں شیر و شکر ڈال کر پکاتے ہیں اور جسے اکثر بیماروں کے سامنے پیش کیا جاتا تھا اب اس فیرنی اور کھیر کو حلبیہ کہتے ہیں۔ دستر خوان کے دوسرے کھانے قلیا کباب اور شوربا بھی اصلاً عربی زبان کے الفاظ ہیں۔

مفروشات میں ایک چیز قالین ہے یہ اصل میں ایک اسلامی شہر قالیقلاء کی طرف منسوب ہے اور یہیں کی ایک اور معروف شخصیت ابو علی القالی ہے، اسی طرح ہم اردو میں راج مستری کا لفظ استعمال کرتے ہیں۔ عربی معاجم میں ایک لفظ "راز" ملتا ہے جو عمارت کے معمار کے لئے استعمال ہوتا تھا اسی طرح مستری کا لفظ بھی عربی ہے اور اس سے مراد وہ مسطر ہے جو مکان کا معمار دیوار اٹھانے اور اسے برابر کرنے کے لئے استعمال کرتا تھا، لکڑی کا کام کرنے والے بڑھئی کے پیشہ کے

لوگ خراد کرنے کا لفظ استعمال کرتے ہیں یہ بھی عربی لفظ ہے "خراط" قلعی کرنے کا لفظ اردو زبان میں عام ہے۔ قلع عربی میں اس دھات کو کہتے ہیں جس سے برتنوں پر قلعی کی جاتی ہے پھر اردو میں ایک معروف لفظ تماشا ہے اصل میں یہ عربی تمشی ہے یہ دوستوں اور ساتھیوں کے ساتھ چہل قدمی کرنے اور چلنے میں لفظ لینے کے لئے استعمال ہوتا ہے۔ کیمیا، کتاب و قلم، عنصر اور بیشمار الفاظ ہیں جو اردو میں استعمال ہوتے ہیں۔

اردو زبان میں عربی زبان کے الفاظ بھرے ہوئے ہیں۔ الفاظ کی بڑی تعداد عربی سے مستعار ہے اور صرف الفاظ نہیں بلکہ مکمل عربی تعبیرات اردو ادب میں اور کتابوں میں در آئی ہیں مثال کے طور پر المعنی فی بطن اشاعر، استغفر اللہ، انشاء اللہ، الحمدللہ، سبحانہ، الامر فوق الادب کالنقش فی الحجر، کالعدم۔

شعرا کے نام اور تخلص زیادہ تر عربی زبان کے ہوتے ہیں جیسا سودا، میر، غالب، اقبال، فیض، مجاز، پیشوں کے نام بھی عربی سے لئے گئے ہیں۔ جیسے تاجر، طبیب، حکیم، قاضی، امام، استاذ۔ عدلیہ کی اصطلاحیں بھی سب عربی زبان سے آئی ہیں جیسے مدعی، مدعی علیہ، قانون، عدالت، شہادت، وکیل، ارتکاب جرم وغیرہ۔

اب ہم یہاں خالص شعر و ادب اور فن کا تذکرہ کریں گے جس پر عربی زبان کی چھاپ بہت گہری ہے۔ اردو شعر و اثر میں بلاغت کی تمام اصطلاحیں، صنائع اور بدائع، سب کے سب عربی ادب سے ماخوذ ہیں۔ اردو کے عروض بھی وہی ہیں جو عربی شاعری کے عروض ہیں، خود شعر کا لفظ عربی زبان کا لفظ ہے اور یہ لفظ شعور سے مشتق ہے۔ شعور کا تعلق قلب سے ہے یعنی واردات قلبی کا ام شعور ہے قرآن

میں ہے "الا انہم ہم المفسدون و لکن لایشعرون"۔ وہ موزوں اور مقفہ کلام جو عکس جذبات ہونے کے ساتھ ساتھ حسن زبان و بیان کا مجموعہ ہوتا ہے شعر کہلاتا ہے۔

اردو شاعری کے فنی محاسن وہی ہیں جو عربی شاعری کے فنی محاسن ہیں۔ شعر کو صداقت سے قریب ہونا چاہئے۔ صرف خوش بیانی کافی نہیں ، چنانچہ عربی کا ایک شعر جس کا مفہوم یہ ہے سچا اور درست شعر وہ ہے کہ جب اسے کوئی شخص سنے تو یہ کہہ کر اٹھے کہ یہ سچی بات ہے۔ عربی کے شعر کی ترجمانی اقبال نے کی ہے:

ہزار خوف ہو لیکن زباں ہو دل کی رفیق
یہی رہا ہے ازل سے قلندروں کا طریق

اور غزل گو شاعر کلیم عاجز نے اپنی ایک غزل کا مطلع اس طرح کہا ہے:

زمانہ سنگ سہی آئینہ کی خو رکھیو
جو دل میں رکھیو وہی سب کے روبرو رکھیو

مقدمہ شعر و شاعری مثال کے طور پر حالی کے تنقیدی نظریات کا مجموعہ ہے، حالی نے اپنے تنقیدی نظریات میں ابن خلدون سے بھی استفادہ کیا ہے، عربی تنقید نگاروں کا اس پر خاصہ اختلاف ہے کہ شاعری اور انشاء پردازی میں عملی کا انحصار الفاظ پر ہے یا معانی پر، حالی نے اس موضوع پر جو گفتگو کی ہے اس سے یہ بات مترشح ہوتی ہے کہ ان کے نزدیک الفاظ کے انتخاب کی اہمیت زیادہ ہے ، وہ مقدمہ ابن خلدون کے آخری حصہ سے ایک اقتباس نقل کرتے ہیں۔

"الفاظ کو ایسا سمجھو جیسے پیالہ کو، اور معانی کو ایسا سمجھو جیسے پانی، پانی کو چاہو سونے کے پیالہ میں بھر لو اور چاہو چاندی کے پیالہ میں، اور چاہو کانچ یا بلور یا سیپ

کے پیالہ میں چاہو مٹی کے پیالہ میں، پانی کی ذات میں کچھ فرق نہیں آتا ، مگر سونے یا چاندی کے پیالہ میں اس کی وقعت بڑھ جاتی ہے اور مٹی کے پیالہ میں کم ہو جاتی ہے اسی طرح معانی کی قدر ایک فصیح اور ماہر کے بیان میں زیادہ ہو جاتی ہے اور غیر فصیح کے بیان میں گھٹ جاتی ہے"۔

***

۱۳

مظہر الزماں خان کے افسانوں کا اسلوبیاتی مطالعہ

صابر علی سیوانی

حیدرآباد کے نمائندہ افسانہ نگاروں میں محمد مظہر الزماں خان اپنی منفرد شناخت رکھتے ہیں۔ وہ ادبی دنیا میں کسی بھی تعارف کے محتاج نہیں ہیں۔ ان کی تخلیقات نہ صرف ہندوستان میں شوق سے پڑھی جاتی ہیں بلکہ پاکستان میں اس سے زیادہ دلچسپی سے پڑھی اور سمجھی جاتی ہیں۔ یہ بات درست ہے کہ مظہر الزماں خان کے افسانے علامتی ہوتے ہیں، لیکن ان میں سماج کی تہہ در تہہ ایسی پرتیں موجود ہوتی ہیں، کہ اگر قاری ان علامتوں کو سمجھ لے تو اسے ان افسانوں میں کہیں زیادہ لطف اور انبساط محسوس ہوگا اور وہ ان تخلیقات کی معنویت اور گہرائی کا قائل ضرور ہو جائے گا۔ بیسویں صدی کی افسانہ نگاری کی تاریخ میں محمد مظہر الزماں کا شمار نہ صرف اس وجہ سے ہوتا ہے کہ وہ علامتی افسانہ نگار ہیں بلکہ ان کے افسانے سماج کے ان رستے ناسوروں کے تعفّن سے آلودہ معاشرے کے عکاس ہوتے ہیں جو معاشرتی کج روی، نشیب و فراز اور ترش و تلخ حقائق کا آئینہ ہوتے ہیں۔

محمد مظہر الزماں خان کی تخلیقات علامتی ہوتی ہیں، جو عام طور پر قاری کو بہ

آسانی سمجھ میں نہیں آتی ہیں، لیکن جو قارئین علامتوں کو سمجھتے ہیں اور ان علامتوں میں پوشیدہ باریکیوں سے واقف ہو جاتے ہیں، ان کے چہرے بشاشت سے کھل اٹھتے ہیں اور وہ مظہر الزماں کیتخلیقی ہنرمندی کے قائل ہوئے بنا نہیں رہ پاتے۔ ان کے افسانوں کی ایک دوسری خوبی یہ ہے کہ ان میں ایک منفرد اسلوب نظر آتا ہے، جو تمام معاصر افسانہ نگاروں سے انھیں ممتاز بناتا ہے۔ یہی وہ اسلوب ہے جو انھیں ایک خاص اونچائی پر لے جاتا ہے، جہاں دیگر تخلیق کاروں کا پہنچنا محال ہوتا ہے ۔ ایمانداری کی بات تو یہ ہے کہ راقم الحروف نے مظہر الزماں کے متعدد افسانے پڑھے، لیکن ان میں بعض ہی سمجھ میں آئے اور ان میں بھی بعض مقامات پر کچھ علامتیں ذہن و فکر کے دریچے سے اوپر گزر گئیں۔ تاہم مجھے ان کے امتیازی اسلوب نگارش نے سب سے زیادہ متاثر کیا، جس میں کہیں کہیں ساحرانہ انداز نظر آتا ہے۔ ان کے افسانوں میں بعض مقامات پر کچھ ایسے تراشیدہ مسجّع و مقفّیٰ جملے یکے بعد دیگر بنتے چلے جاتے ہیں، جو قاری کو عش عش کرنے پر مجبور کر دیتے ہیں۔ یہاں انہی پُر اثر اور بولتے ہوئے جملوں کی نشاندہی کی جائے گی، جن سے مظہر الزماں خان کا اسلوب نگارش عبارت ہے، اور جس کی وجہ سے ان کی تخلیقات میں ایک خاص قسم کی ادبی فضا بنتی ہوتی نظر آتی ہے۔ مظہر الزماں خان کے طرز نگارش کا اندازہ لگانے کے لئے محض ان کے ایک انٹرویو سے لئے گئے ایک اقتباس کے یہ جملے ملاحظہ کیجئے جس سے ان کی زبان پر قدرت اور بیان کی ندرت کا اندازہ لگایا جاسکتا ہے۔ وہ اپنے لکھنے کے وقت کے بارے میں فرماتے ہیں:۔

"میرے لکھنے کا کوئی خاص وقت مقرر نہیں ہے۔ جب بھی طبیعت مائل ہوتی

ہے۔ اور میری طبیعت اس وقت مائل ہوتی ہے جب زمین رونے لگتی ہے۔ جب بچے نیند میں چونک اٹھنے لگتے ہیں۔ جب پانی رونے لگتا ہے۔ جب ذہنی بھکاری دانشور بن جاتے ہیں۔ جب ادیب اور نقاد حمال بن جاتے ہیں۔ جب مذہبی رہنما خود کو بیچنے لگتے ہیں۔ کنکریاں پہاڑوں کو دیکھ کر ہنسنے لگتی ہیں۔ اَنکھوے باہر آنے سے ڈرنے لگتے ہیں۔ دھوپ جسموں کو چاٹنے لگتی ہے۔ گدِھ زتیون کے شاخوں کو نوچنے لگتے ہیں اور انسانوں کی باتوں سے زنجیروں کی آوازیں سنائی دیتی ہیں۔ اور عدالتوں کے دروازے بند ہو جاتے ہیں یا فاختاؤں کو ہلاک کر دیا جاتا ہے۔ اس وقت کہانی مجھ پر اترنے لگتی ہے۔ ورنہ میرا کوئی وقت مقرر نہیں ہے۔ بعض وقت تو ایک دن میں الگ الگ موضوع پر دو دو کہانیاں لکھ چکا ہوں۔ اس کے علاوہ میں یہ بھی عرض کر دوں کہ جب تک کہانی کا موضوع وسیع نہیں ہوتا میں کہانی لکھتا نہیں۔ وسیع موضوع پر ہی قلم اٹھاتا ہوں۔ یہ اور بات ہے کہ میری لکھی کہانیوں کے موضوعات پر کچھ لوگوں کی نظر نہیں جاتی یا نہیں پہنچتی۔ اگر میری کہانی کسی پر پوری طرح کھل جائے تو موضوع اور امکانات اندازہ ہو جائے گا"۔ (چہرے آوازوں کے، ایم آر پبلی کیشنز، نئی دہلی، ۲۰۱۴، صفحہ ۸۵)

انٹرویو کے درج بالا جملوں سے یہ اندازہ لگایا جا سکتا ہے کہ مظہر الزماں بول کر اتنی خوبصورت زبان پیش کر سکتے ہیں تو جب قلم ان کے ہاتھ میں آتا ہو گا تو وہ کیا سحر ڈھاتے ہوں گے۔ دوسری بات یہ کہ ان جملوں میں بھی بعض باتیں ایسی ہیں، جو علامتوں کے خانے میں آتی ہیں، ان جملوں کی گہرائی تک پہنچنا اور ان کو تفہیمی درجہ عطا کرنا ہر کس و ناکس کے بس کی بات بھی نہیں ہے، مثلاً دھوپ

جسموں کو چاٹنے لگتی ہے۔ کنکڑیاں پہاڑوں کو دیکھ کر ہنسنے لگتی ہیں۔ انکھوے باہر آنے سے ڈرتے ہیں۔ گدِھ زیتون کے شاخوں کو نوچنے لگتے ہیں جیسے فقروں میں جو علامتیں پوشیدہ ہیں، انھیں وہی بہتر طور پر سمجھ سکتا ہے جو علامتی افسانوں کی باریکیوں سے واقف ہو۔

سال ۲۰۱۳ء میں محمد مظہر الزماں خان کے نمائندہ افسانوں کا انتخاب "محمد غالب نشتر نے بعنوان "چھوڑے ہوئے لوگ" مرتب کر کے دہلی سے شائع کرایا ہے۔ اس انتخاب میں مظہر الزماں کے ۳۵ نمائندہ افسانے شامل ہیں، جو تمام علامتی افسانوں کے خانے میں رکھے جاسکتے ہیں۔

مظہر الزماں خان کی ایک مشہور کہانی "چیونٹی" ہے۔ یہ کہانی دراصل انسانی جبلت کو پیش کرتی ہے۔ اس میں انسان کی عیاری اور مکاری کو پیش کیا گیا ہے۔ لیکن علامتوں کے طور پر مکھی، مکڑی، چھپکلی اور چیونٹی جیسے حشرات الارض مخلوق کو پیش کر کے افسانہ نگار نے انسان کی فطرت، جبلّت اور اس کی ان حرکات کو پیش کیا ہے، جو واقعتاً عجیب سے لگتے ہیں۔ اس میں جو ایک کردار ہے وہ "میں" ہے اسی کردار کے سہارے کہانی آگے بڑھتی ہے۔ اس کردار کے مختلف حرکات کو پیش کرتے ہوئے تخلیق کار نے انسانی جبلت کو پیش کیا ہے۔ بلکہ یہ کہنے کی کوشش کی ہے کہ دنیا کی تمام مخلوقات میں انسان سے بڑھ کر کوئی عیار نہیں ہے۔

اس افسانے میں مظہر الزماں نے جس زبان اور خوبصورت اسلوب کا سہارا لیا ہے، اس سے اس کہانی کی معنویت بڑھ جاتی ہے۔ استعاراتی انداز اور علامتوں کا استعمال اس کہانی کو ایک شاہکار کہانی بناتا ہے۔ کمرے کی منظر کشی کرتے ہوئے جس

زبان اور اسلوب کا اس کہانی "چیونٹی" میں استعمال کیا گیا ہے، اسے ملاحظہ کیجئے:۔

"زیرو بلب کی دھواں دھواں روشنی پورے کمرے میں منجمد ہے۔ شلف میں سانس لیتی ہوئی چند گرد آلود کتابیں اوندھی لیٹی ہوئی ہیں۔ دائیں طرف کیلنڈر پر سرخ ہندسے تازہ خون کی طرح بکھرے ہوئے ہیں۔ اس کے اوپر کسی عورت کا مسخ شدہ چہرہ چپکا ہوا ہے۔ اور بائیں جانب کی دیوار پر میری کئی مرتبہ واش کی ہوئی لیکن پیدائشی انڈرویئر جھول رہی ہے اور میں اپنے شکن آلود بستر پر کروٹیں بدل رہا ہوں۔ کروٹیں جو زندگی کی علامت ہیں۔ کروٹیں جو اضطراب ہیں۔ کروٹیں جو زمین کے اندر چھپا ہوا انقلاب ہیں۔ کروٹیں جو مٹھیوں کا زندہ کرب ہیں۔ کروٹیں جو بھاگی ہوئی نیند کی ناکام کوشش ہیں اور میری نیند کسی آسیب زدہ پرندے کی آنکھوں میں سماچکی ہے اور نگاہیں کمرے کی ننگی چھت پر جمی ہوئی ہیں، جس پر ایک مکڑی جالا تانے مکھی کو گھیرنے کی کوشش کر رہی ہے اور بے چاری مکھی عوام کی طرح جالے کے گرد چکر کاٹ رہی ہے" (چھوڑے ہوئے لوگ، صفحہ ۳۱-۳۲)

یہاں مکڑی کی عیاری کو دکھایا گیا ہے اور یہ بھی بتایا گیا ہے کہ انسان سے بڑھ کر کوئی عیار ہو ہی نہیں سکتا۔ مذکورہ چند سطور میں فنکار نے "کروٹ' لفظ کو مختلف معانی عطا کئے ہیں، اسے مختلف علامتوں کے ذیل میں رکھ کر پیش کیا ہے، لیکن ان کروٹوں کے سہارے انھوں نے اپنے مخصوص اسلوبِ نگارش کو جس انداز سے پیش کیا ہے، وہ انہی کا حق ہے۔ جن لفظیات کا انھوں نے اس افسانے میں استعمال کیا ہے، وہ ایک نیا تجربہ بلکہ اچھوتا ڈِکشن نظر آتا ہے۔ مثلاً نگاہیں کمرے کی ننگی چھت پر جمی ہوئی ہیں، کروٹیں جو مٹھیوں کا زندہ کرب ہیں، کروٹیں جو زمین کے

اندر چھپا ہوا انقلاب ہیں اس طرح کے فقرے بہت دور تک سوچنے کی دعوت دیتے ہیں اور یہ بتاتے ہیں کہ اگر تخلیق کار چاہے تو وہ ایک ہی لفظ کو مختلف انداز سے "علامت" کا جامہ پہنا کر معنویت کی ایک وسیع و عریض وادی میں قاری کو پہنچا سکتا ہے، جہاں قاری اپنی علمی و فکری بے بضاعتی کا ماتم کرنے لگتا ہے، لیکن دوسری طرف وہ تخلیق کار کی داد دینے پر بھی مجبور ہوتا ہے کہ اس کے قلم کی جولانی کن کن معنوی تہوں کو کریدنے کی کوشش کرتی ہے۔

مظہر الزماں خان کی زبان اور اسلوب کے بارے میں محمود ہاشمی نے نہایت ایمانداری سے اظہار خیال کیا ہے۔ وہ لکھتے ہیں:۔

"مظہر الزماں خان کے افسانوں میں جو زبان اور اسلوب ہے وہ واضح کرتا ہے کہ فکشن میں لسانی اظہار کی سطح کیا ہونی چاہئے اور تہہ نشیں مفاہیم کو کس طرح سطحِ آب پہ لائے بغیر تحیر، طلسم اور تمثیل کی روایت کا حامل بنایا جائے۔ مظہر الزماں خان کے افسانے ہمارے عہد میں جدید افسانوی تہذیب اور تخلیقی تحرک کا ایسا اظہار ہیں، جن پر اردو فکشن کی تاریخ کو آج بھی ناز ہے اور آنے والے عہد میں یہ افسانے ہمارے ادبی تاریخ کا مایۂ ناز سرمایہ بنیں گے"۔

اس میں کوئی شک نہیں کہ مظہر الزماں نے جو اسلوب وضع کیا اور جس اسلوب کے سہارے وہ اپنی تخلیقات کا تانا بانا بُنتے ہیں، اس سے ان کی تخلیقی اور اختراعی صلاحیت نمایاں ہو کر سامنے آتی ہے۔ ان کا منفرد اسلوب ان کی کہانیوں میں خاص معنویت پیدا کرتا ہے۔ ان کی مخصوص زبان ان کی تخلیقات کو مقبولیت کا جامہ پہناتی ہے۔ ان کی خاص ذہنی سطح ان کے افسانوں میں تہہ داری پیدا کرتی

ہے۔ ان کا کہانی بیان کرنے کا امتیازی انداز انھیں ان کے معاصرین میں امتیاز عطا کرتا ہے۔ ان کی سحر انگیز کردار نگاری انھیں افسانہ نگاری کی دنیا میں افقی مقام عطا کرتی ہے اور ان کا تمثیلی طرزِ اظہار ان کی کہانیوں کو گویائی عطا کرتا ہے۔ یہی وہ اوصاف ہیں جو مظہر الزماں کو ایک بڑا فنکار بناتے ہیں۔ اس بات سے انکار نہیں کیا جاسکتا کہ بھلے ہی معاصر افسانہ نگاروں میں ایسے بہت سے افسانہ نگار ہیں جنھوں نے علامتی کہانیاں لکھی ہیں، اور لکھ رہے ہیں، لیکن جو چیز مظہر الزماں کو ان معاصر افسانہ نگاروں میں امتیاز و انفراد عطا کرتی ہے وہ ان کا مخصوص، سحر انگیز اور دل نشیں اسلوب نگارش ہے۔ یہ اسلوب ان کی اپنی ایجاد ہے، جسے دوسرا ایجاد تو نہیں کرسکتا ہے ہاں اس کی تقلید ضرور کرسکتا ہے۔

افسانہ "گلدار" فلسفیانہ گفتگو کا ایک خوبصورت بیانیہ ہے۔ جس میں افسانہ نگار نے ایک خاص قسم کا تجربہ کیا ہے۔ گلدار دو دوستوں خالد بن عزیز اور سعید بن سعد کے مکالمات پر مشتمل ایک شاہکار افسانہ ہے، جس میں وقت کی حکمرانی موضوع بحث قرار پاتی ہے۔ "گلدار" افسانے کے متعلق "چھوڑے ہوئے لوگ" کے مرتب محمد غالب نشتر نے اپنے مقدمے میں لکھا ہے:۔

"گلدار محمد مظہر الزماں خاں کا ایک شاہکار افسانہ ہے۔ اس افسانے میں بیانیہ، اسلوب، کردار نگاری، پلاٹ، مکالمیاور تصویر کشی، زندگی سے کی گئی ہے۔ افسانے میں دو کردار واضح طور پر نظر آتے ہیں جو طویل عرصے کے بعد ایک دوسرے سے ملتے ہیں۔ میزبان دوست، مسافر دوست سے اتنے دن تک ملاقات نہ ہونے کا سبب دریافت کرتا ہے تو مسافر دوست وقت، سفر اور زمین سے متعلق فلسفیانہ گفتگو کرتا

ہے۔ اس افسانے میں چیتا استعارہ ہے، جو اپنے اندر بڑی معنویت رکھتا ہے۔ اس کا مطلب یہ بھی نکالا جاسکتا ہے کہ امریکہ کو عرب نے پال رکھا ہے، جو اسی کی سرزمین پر بے خوف و خطر گھوم رہا ہے"۔ (ایضاً صفحہ ۲۱)

مظہر الزماں کے افسانوں کے اسلوب پر پوری ایک کتاب تحریر کی جاسکتی ہے، لیکن اس مختصر سے مضمون میں جس حد تک ان کے فن کا اسلوبیاتی مطالعہ ممکن ہوسکتا ہے، کرنے کی کوشش کی گئی ہے۔ مظہر الزماں خان کا ایک اور شاہکار افسانہ "سفر" ہے جس میں تصوف کے مسائل پیش کئے گئے ہیں۔

عشق حقیقی کی باتیں کی گئی ہیں۔ جس میں علم معرفت کی گرہیں کھولنے کی کوشش کی گئی ہے اور راہ سلوک کے مسافر کے لئے رہنمایانہ خطوط پیش کئے گئے ہیں، لیکن اس افسانے کا بھی گہرائی سے اسلوبیاتی مطالعہ کیا جاسکتا ہے اور فنکار کے زبان کے حوالے سے بڑی عمدہ بحث کی جاسکتی ہے۔ افسانہ "سفر" بھی علامتی افسانہ ہے جس میں عشق کی حکمرانی اور اس کی سلطنت کو موضوع بنایا گیا ہے، بلکہ مختصراً یہ کہا جائے تو بہتر ہوگا کہ افسانہ نگار نیا اس افسانے میں بس یہ پیغام دینے کی کوشش کی ہے کہ عشق ہی اصل ہے اس کے بغیر کسی کا وجود ہی ممکن نہیں ہے۔ عشق کے تصور کو جس انداز میں افسانہ نگار نے اس کہانی میں پیش کیا ہے اسے ملاحظہ کیجئے اور افسانے کے اسلوب پر توجہ کیجئے تو اندازہ ہو جائے گا کہ عشق کی کارفرمائیاں کہاں کہاں نظر آتی ہیں:۔

"جب عشق پیدا ہوا تو زمین پر ایک آگ لگ گئی تھی کہ یہ عشق کی آگ تھی اور عشق کی آگ کی کوئی ایک صورت نہیں ہوتی کہ عشق کی بیشمار صورتیں ہوتی

ہیں، جو دکھائی نہیں دیتیں۔ مگر ہر صورت اپنی جگہ ایک صورت ہوتی ہے کہ عشق ایک انتہا ہے۔ لیکن عشق اول وہاں سے شروع ہوتا ہے جہاں عرش الٰہی موجود ہے اور وہیں مکمل اور ختم ہوتا ہے جہاں عرش الٰہی موجود ہے اور عشق کو ہر نظر اپنے مزاج اور اپنے اپنے ارادوں سے دیکھتی ہے، چنانچہ جب بیج زمین سے عشق کرتا ہے تو اس کے عشق میں فنا ہو کر ایک نئی شکل میں زمین سے بر آمد ہوتا ہے۔

خوشبو، پھول سے عشق کرتی ہے تو اپنا وجود اس کے جسم میں چھپا لیتی ہے کہ وہ اس کی ہر پنکھڑی میں جذب ہو جاتی ہے۔ اس کے ایک ایک رشتے میں خود کو ضم کر دیتی ہے۔ ہوائیں درختوں کے ہر حصے سے عشق کرتی ہیں تو اس کی ہر شاخ اور ہر پتے میں خود کو تلاش کرتی رہتی ہیں کہ اس کے بغیر وہ باقی ہی نہیں رہتیں۔ چنانچہ اللہ تعالی اپنے بندے سے بھی ایسے ہی عشق کرتا ہے اور اس کے عشق کی انتہا ہے کہ اس نے اپنے بندے کے لئے بے حد و حساب چیزیں پیدا کر دی ہیں تاکہ وہ ان تمام چیزوں سے فائدہ اٹھائے"۔ (چھوڑے ہوئے لوگ صفحہ ۱۹۶-۱۹۷)

مجموعی طور پر یہ بات کہی جاسکتی ہے کہ مظہر الزماں خان کے افسانوں کی ایک اہم ترین خصوصیت یہ ہے کہ انھوں نے اپنی تخلیقات کو خاص نہج عطا کیا ہے جس میں علامتوں اور استعاروں کی بھرمار ضرور ہوتی ہے، لیکن اس کے ساتھ ہی ساتھ پڑھنے والے کو ان کا مخصوص اسلوب متاثر کئے بغیر نہیں رکھتا ہے۔

وہ ان کی تحریروں کی روانی، موسیقیت، لفظوں کے زیر و بم، فقروں کی برجستگی اور اس کی نغمگی کا احساس اپنے دل میں محسوس کرتا ہے اور نغمگی کا یہ احساس و اثر اس کے دل پر تادیر قائم رہتا ہے۔ مظہر الزماں اس عہد کے ایک

نمائندہ اور جینئس افسانہ نگار ہیں جنھوں نے افسانہ نگاری کی دنیا میں ایک علیحدہ افسانوی قبیلہ تخلیق کیا ہے جو ان ہی سے عبارت ہے۔

***